橋本ルシア

火焔の王

―欠史八代の謎を読み解く

水曜社

まえがき

古代史は謎にみちみちている。謎にぶつかれば解かずにはいられない性分の私にとっては、シャーロック・ホームズよりも数段面白い。極上のミステリーといってもよい。解答があらかじめ設定されている作り話を、はるかに上まわる不条理さとスケールと緊迫感が、そこにはあるからだ。

謎にみちているということは、いまだ解明されていない真実が数知れずあるということである。ではなぜ解明され難いのか。手段に乏しいためである。歴史学というのは史、つまり文、記録を媒介とした過去の真実の探求であるが、その史、つまり資料が、過去に遡るほど手薄となるためである。しかも国の正史は政治史、権力闘争史でもあるから、秘密とするための改ざん、捏造、メタファー等のレトリックがほどこされている場合がほとんどとみてよい。それは私達が今生きている時代においても日常的に目の当りにする残念な事柄であるから、正史の宿命とでもいうものであろう。

古代史の通説は、その正史の宿命に無頓着な面も一因と思われるが、立后一〇ケ月余で三人も子を生んだというような『日本書紀』や『古事記』の堪え難い記述に無批判なまま王の系譜としていたりする場合も多く、読むほどに疑問がふくらむ部分も数多く見受けられ、必ずしも正しいわけではないと考え始めたころ、通説に異を唱え、独自の考察を展開する梅原猛氏や小林惠子氏等の新説にも興味を引かれ、しばらくは心ゆくまで没頭してみようとしたこともある。「通説を根本的に覆す論を展開」する氏に対して、「誹謗、中傷、冷笑、黙殺」が続いたと、梅原氏は、その著『葬られた王朝』のまえがきで述べられているが、その後に「若き日、このような思想の冒険を行った私が齢八十四を超えて、あえて今まで多くの学者が信じてきた通説を批判し、新説を唱えることに何を恐れるだろう。私が恐れるのは通説に安住することであり、真理を語って孤独になることではない。私の人生は残り少ない。残された人生において私は真理を語りたいのである。」と続けられている。私はこの心意気が好きだ。

欺く神の想定のまやかしによってデカルトを批判したデリダをよりよく理解していたなら、今でも哲学の徒であったかもしれないと思うこともある私がこだわるのは、この真理である。そして謎解きは、真理の探究の別名といってよい。

とはいえ今の私は、古代史において梅原氏や小林氏などの触れておられない知の地平まで来てしまったようだ。以下の論考がそれである。第一、二、三章の目的は、古代史上最大の謎とされ、通説では架空の王として切り捨てられ、またようやく提出され始めた新説もいまだ説の段階に到りえていないと思われる、いわゆる欠史八代の諸王を闇から救い出すことである。つまりその実像と欠史とされた理由を解き明かすことである。

第一章では、箸墓の主たる被葬者が孝安で、トヨはその側に眠っているにすぎないことを証明し、さらに孝安の驚くべき出自をも論証することにふまえて、第二章では、倭国の王暦の初期段階をいろどる神武と欠史八代前半の高氏＝襄氏の諸王の実像を、箸墓伝説の語る戦乱、すなわち動乱二九六年の分析等を通して推定し、第三章では、欠史八代後半の安氏＝慕容氏の諸王の真の姿を明らかにすると共に、欠史八代という時代の歴史的意味を総括する。

第四章では、上記氏族の歴史的由来を、シュメール、大月氏国の崩壊などから根源的に考察し、さらに第五章では、上記氏族の末裔として、広開土王・仁徳とタリシヒコ〝聖徳太子〟を取り上げ、そのように記してよいことを証明した上で、前者については倭国から高句麗に旅立ち、やがて倭王として淡路島の海戦で没したその一生を重点的に推察し、後者に関しては、その思いもよらない出自を論証した後に、一切の既説とは異なる物部守屋討伐事変の真相を提示した上で、太子を暗殺したと推定される意外な男を特定するとともに、その男に帰因する太子の最後の実子が背負った苦しみの十字架についても言及する。

各章は全体として一つの大きな連関をなしているが、同時に各項目の中で、これまで古代史上で一度も語られたことのない、私が知りえた数多くの真理（謎解き）についても可能な限り論じておくので、各章をオムニバスとして読むことも可能であることを書き添えておきたい。潮は満ちた、さあ、知《ソフィア》の冒険の旅へ船出しよう。

諸系譜

1 〈安氏・慕容氏〉

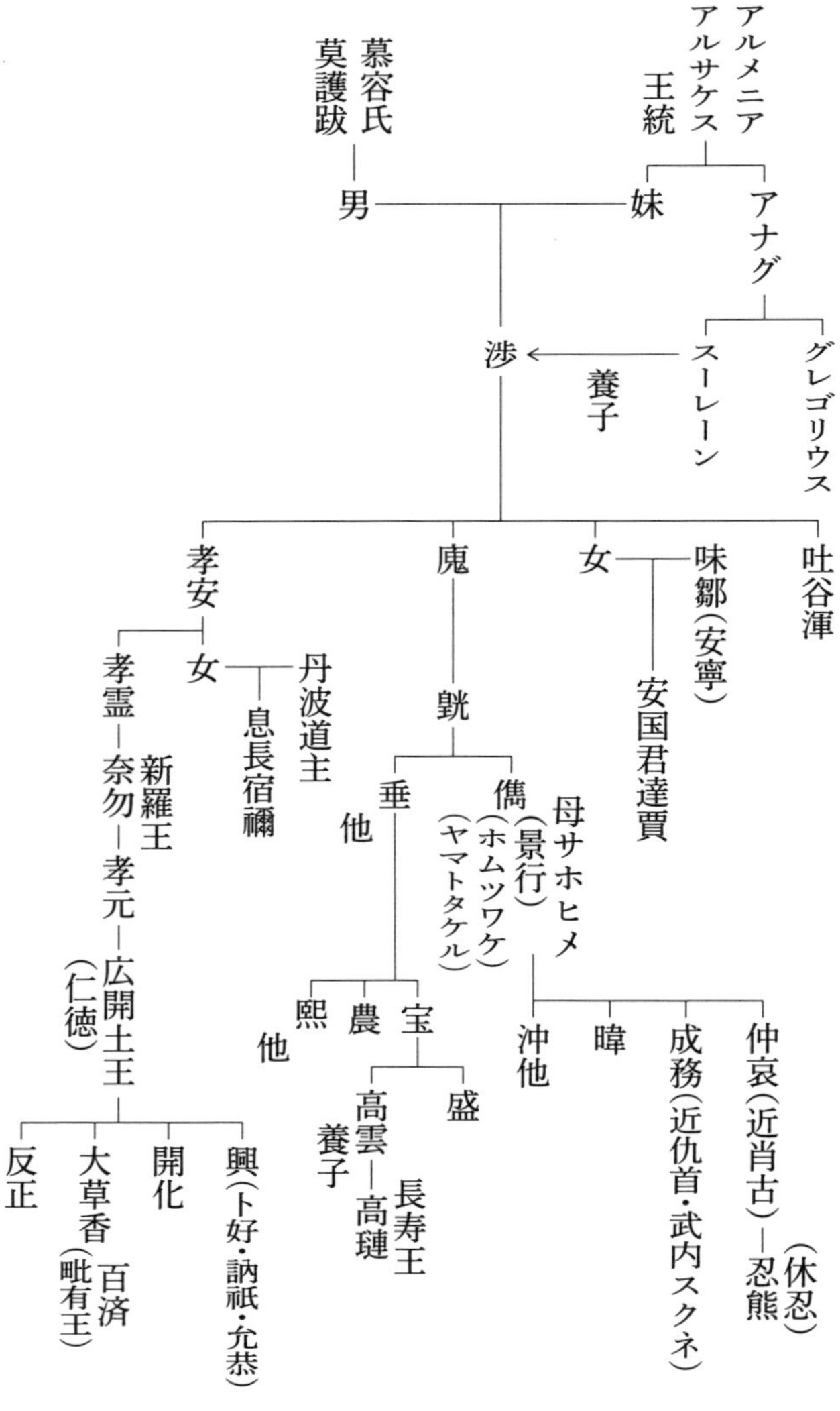

アルメニア
アルサケス
王統
アナグ
グレゴリウス
スーレーン
養子
妹
慕容氏
莫護跋
男
渉
吐谷渾
味鄒（安寧）
安国君達買
女
廆
孝安
䀆
儁
（景行）
（ホムツワケ）
（ヤマトタケル）
母サホヒメ
仲哀（近肖古）
忍熊
（休忍）
成務（近仇首・武内スクネ）
暐
沖他
垂
他
宝
盛
高雲
養子
高璉
長寿王
農
熙
他
女
丹波道主
息長宿禰
孝霊
奈勿
新羅王
孝元
広開土王
（仁徳）
興（卜好・訥祇・允恭）
開化
大草香
百済
（毗有王）
反正

2 〈襄氏・高氏・加耶系金氏〉

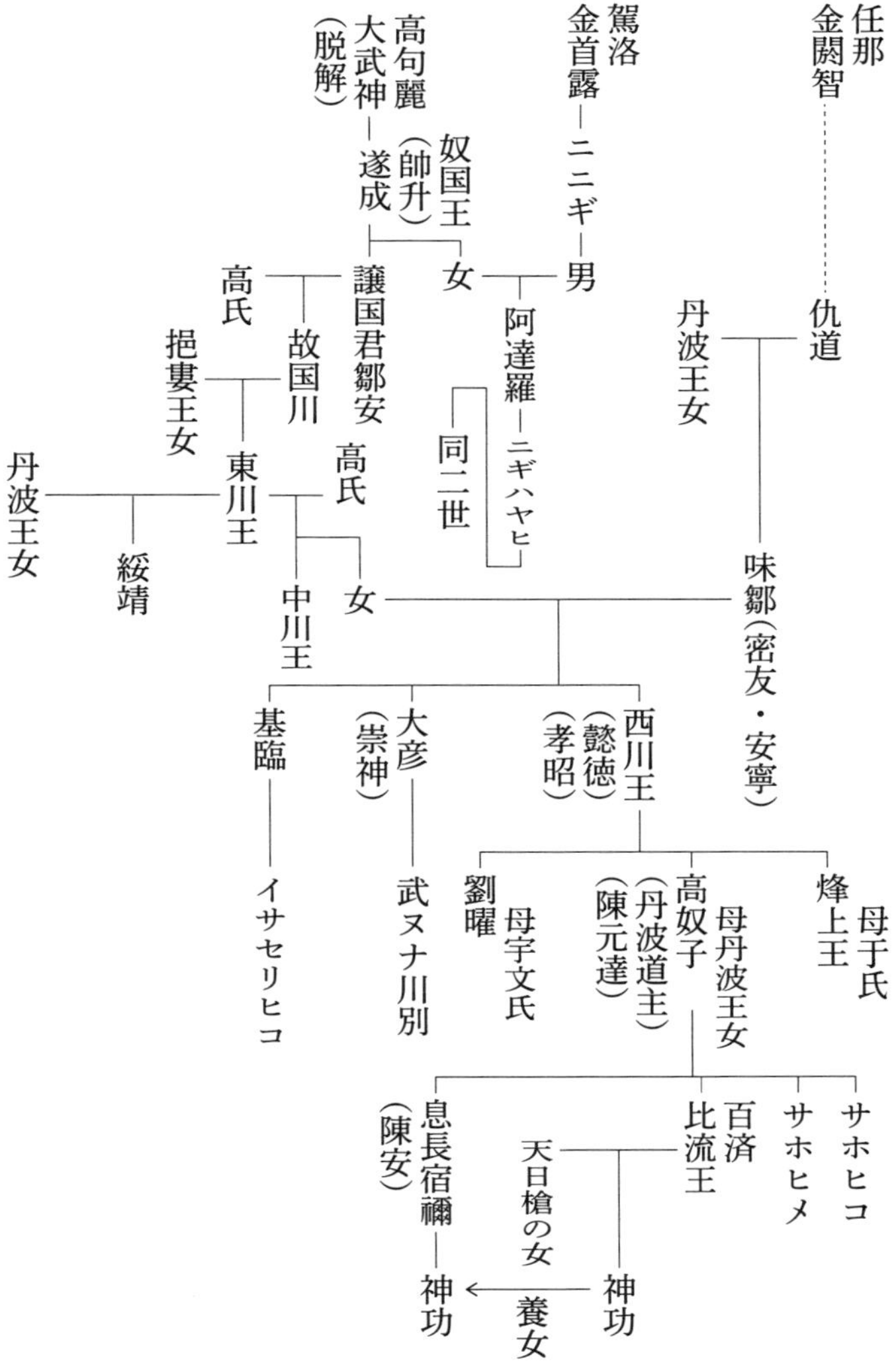
任那
金閼智
仇道
丹波王女
駕洛
金首露
ニニギ
男
阿達羅
ニギハヤヒ
同二世
奴国王
(帥升)
女
高句麗
大武神
(脱解)
遂成
譲国君鄒安
高氏
故国川
挹婁王女
東川王
高氏
丹波王女
綏靖
中川王
女
味鄒(密友・安寧)
西川王
(懿徳)
(孝昭)
大彦
(崇神)
基臨
イサセリヒコ
武ヌナ川別
烽上王
母于氏
高奴子
(丹波道主)
(陳元達)
母丹波王女
劉曜
母宇文氏
サホヒコ
サホヒメ
百済
比流王
天日槍の女
神功
息長宿禰
(陳安)
神功
養女

3 〈苻氏（応神）、石氏、高雲、長寿王高璉〉

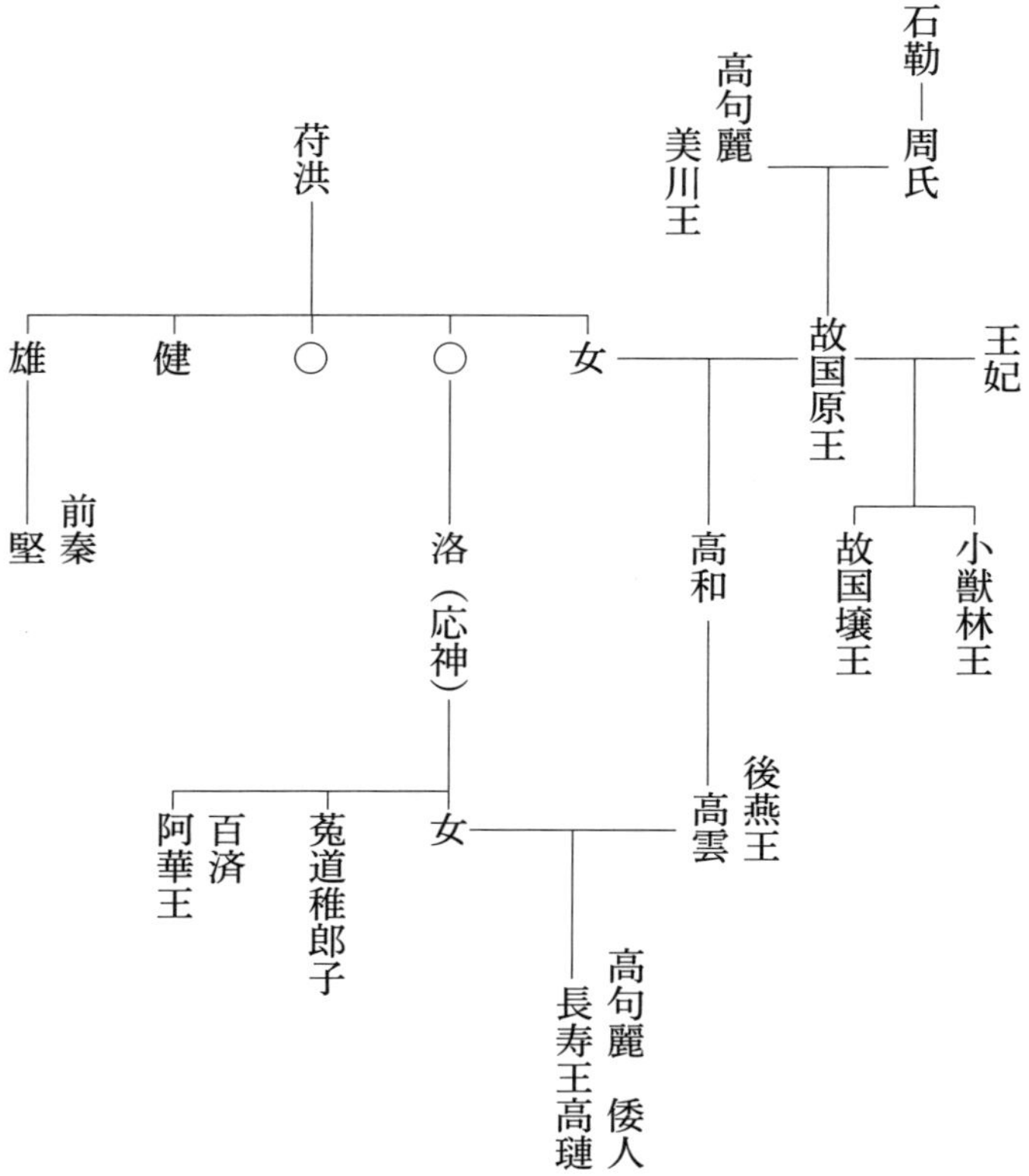

4 〈エフタル、慕容氏（休＝金氏）〉

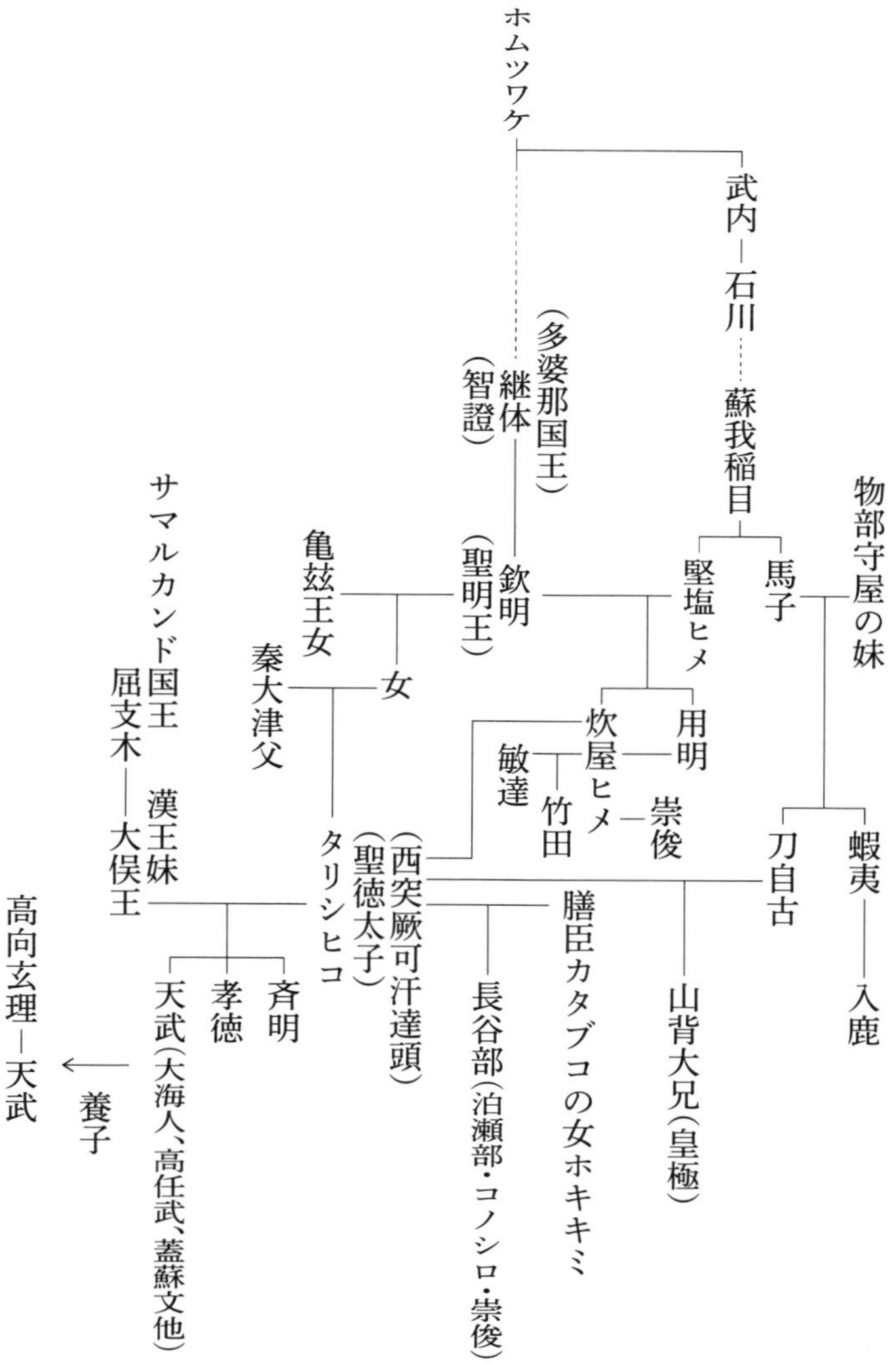

5 〈突厥可汗略譜〉

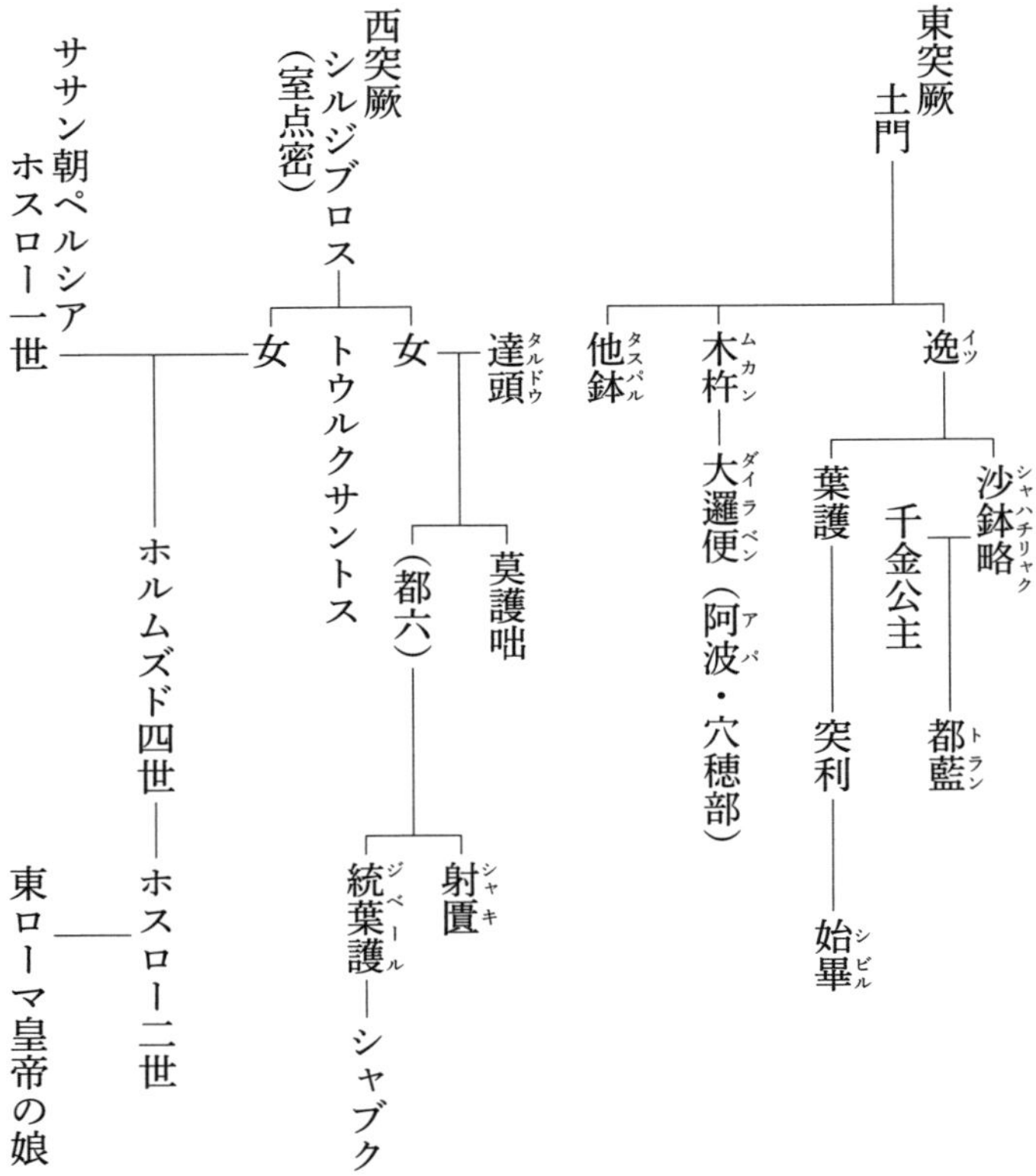
東突厥
土門
逸《イツ》
木杆《ムカン》
他鉢《タスパル》
沙鉢略《シャハチリャク》
千金公主
葉護
都藍《トラン》
突利
始畢《シビル》
大邏便《ダイラベン》（阿波《アパ》・穴穂部）
西突厥
シルジブロス
（室点密）
達頭《タルドウ》
女
トウルクサントス
女
莫護咄
（都六）
射匱《シャキ》
統葉護《ジベール》
シャブク
ササン朝ペルシア
ホスロー一世
ホルムズド四世
ホスロー二世
東ローマ皇帝の娘

6 〈シュメール、ウル第三王朝〉

ウルナンム——シュルギ——○——○——イビシン

Ⓐ　第二章5関連

高句麗東川王
- 女 ＝ 丹波の密友（新羅味鄒王）（安寧）
    - 高句麗西川王（倭王　懿徳・孝昭）— 丹波道主
    - 大彦・崇神 — 武ヌナ川別
    - 新羅基臨王 — イサセリヒコ
- 中川王
- 綏靖

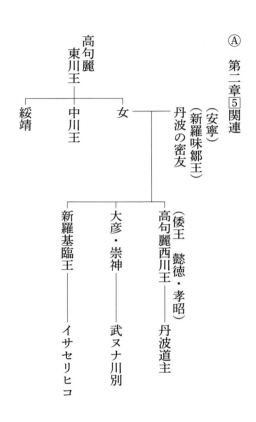

Ⓑ 第二章[6]の4関連

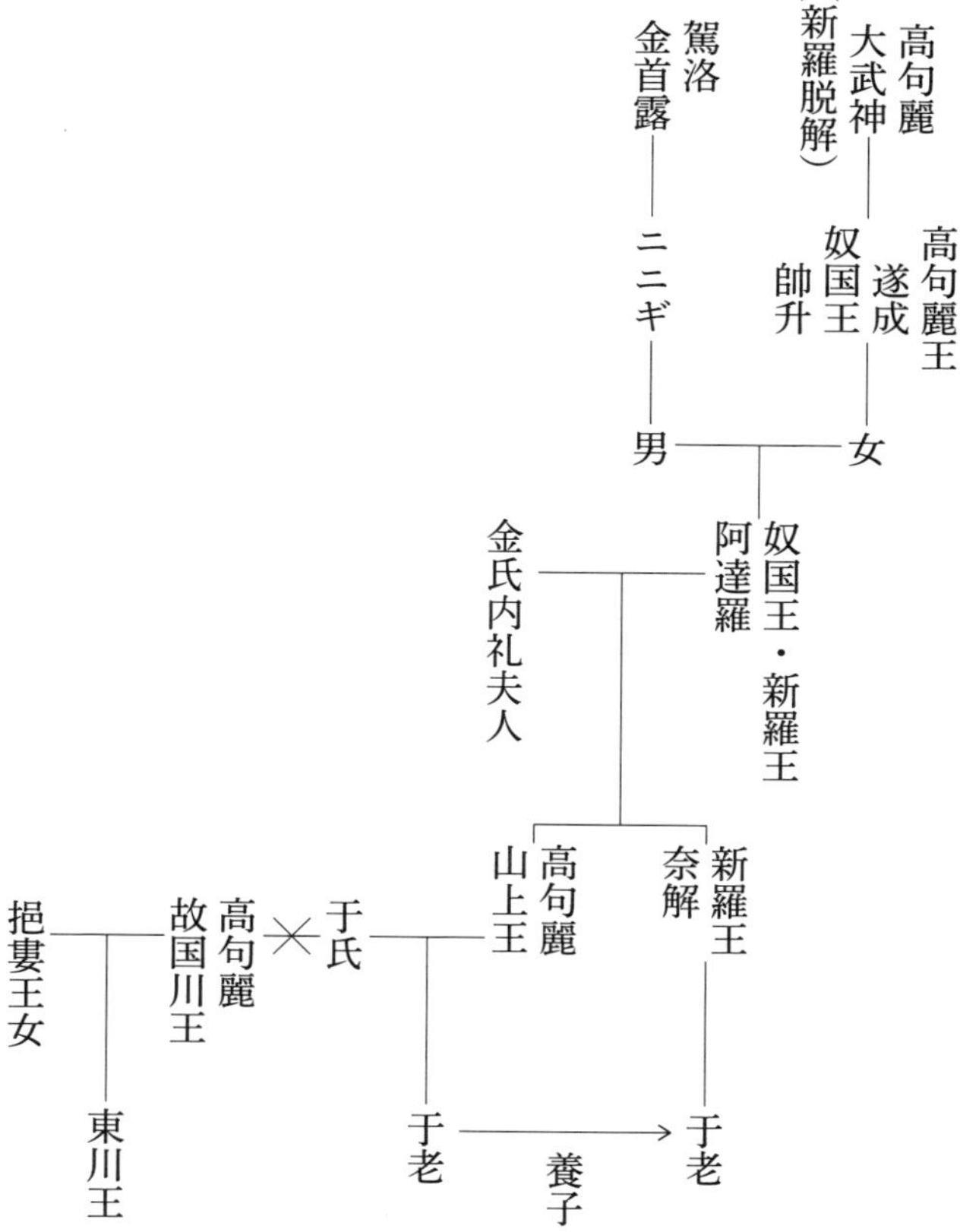
高句麗王
遂成
高句麗
大武神
奴国王
帥升
(新羅脱解)
駕洛
金首露
ニニギ
男
女
奴国王・新羅王
阿達羅
金氏内礼夫人
新羅王
奈解
高句麗
山上王
于氏
高句麗
故国川王
捏婁王女
于老
于老
養子
東川王

火焔の王◉目次

第三章　欠史八代

目　次

第一章

箸墓に眠る倭王は誰か

1 トヨは寄り添う

これほどの大乱が、かつて倭国にあっただろうか。わずか一年の内に、二人の倭王が立っては殺され、また六代の倭王の皇后となった驚くべき倭の女王も、この戦乱のさなか、ついに永い眠りについて、残されたまだ幼い遺児が倭王として即位した時に、この大乱はようやく終焉をむかえた。二九六年のことである。今まで一度も解明されることのなかったこの大乱について、まずは情話から記してみたいと思う。

崇神《スジン》のころの事変として、『日本書紀』[1]には、ヤマトトトビモモソヒメと大物主の婚姻と死、さらにそれに続く箸墓《ハシハカ》への埋葬の話が、後者に力点を置いて記されている。いわゆる箸墓伝説といわれるもので、崇神一〇年九月「この後」条にみえる。これは月干支《ゲッカンシ》九月が一月であれば二九六年に該当する。

一方『古事記』[2]には、この話の前段のみが、オオタタネコの母イクタマヨリビメと名も知らぬ美しい男との結婚と、その素姓探しの話に変形されて、いわゆる三輪山伝説としてかなり詳しく示されているが、なぜか後段の箸墓伝説部分が消去されている。『古事記』（以下、『記』とも）で語られる三輪山伝説のストーリーは、以下のようなものである。

イクタマヨリビメの許に夜にしか訪れない美しい男がいた。ヒメがその男の子供タネコを宿したことを知った両親が、男の素姓を探ろうと一計を案じて、男の衣の端に糸を通し、きぬぎぬの別れの後にその跡をたどると、三輪山の神社に行き着いた。そこで彼が三輪山の神大物主であり、タネコはその大物主の子であることが判明した。

ところが『書紀』では、イクタマヨリビメはヤマトトトビモモソヒメとされ、その死の真相が詳述されている。ヒメは大物主神の妻となったが、夜にしか訪れない彼に、朝日の中でお姿を拝見したいと所望したところ、自分の真の姿を見ても驚かないようにと約束させて、大物主は承諾した。翌朝ヒメが見たのは、櫛《クシ》入れの中の小さな美しい蛇であった。驚いたヒメは悲鳴をあげ尻もちをついた。その拍子にホトを箸で突かれてヒメは死んでしまう。大物主も恥をかかされたと怒り、大空を「踏《フ》んで」三輪山に隠れてしまった。人々は大市《オオチ》に葬り、その墓を箸墓と名付けた。

『書紀』や『古事記』等に記されたメルヘンや情話は、例外なく政治的な事変のメタファーであり、レトリックである。それが愚劣であればあるほど、深刻な政治的真相がその底に眠っているとみてよい。もしそうでなければ、そのような知能を疑われかねない駄話が、史書に書き込まれるわけがないだろう。

では、この三輪山伝説と箸墓伝説には、どのような政治的真実が示唆されているのだろうか。

まずヒメについて考えてみよう。『書紀』はそれをヤマトトトビモモソヒメとするが、この名の奇妙さが、おそらく偽名であることを予感させる。実際ヒメが誰であったかということは、意外な部分が教えてくれる。笑うなかれ、「ホト」である。ホトによって想起されるのは、『古事記』が語る神武の皇后の名ホトタタライススキヒメである。思わず笑ってしまいそうな、だから誰もが真剣に受け止めず、受け流してしまうだろう「ホト」によって、ヤマトトトビモモソヒメが実は神武の皇后であることを、『書紀』は狡猾に示唆しているのである。

とはいえ、トトビすなわち神武の皇后の実名は、ホトタタライススキヒメではない。『書紀』はそれをヒメタタライスズヒメとしているが、それも正しくない。実名は、両者に共通の「タタラ」に表象されている。タタラは大きなふいごのことだが、ふいごは韓国語では豊、誉、品等と漢字表記されるということである。[3] そのうちの「豊」は日本語では「トヨ」とも読む。そこでタタラは、この豊＝トヨ＝臺與の表象であったとみることができる。なおヤマトトトビモソヒメという名中のトトビも、タタラビメの省略形と思われるから、中核はタタラであり、やはりトヨを表象する。舌をかみそうなヤマトトトビモモソヒメというのは神武の皇后であり、その実名はトヨであったのである。ちなみに「モモソ」は「桃の」であって、それは二〇一〇年九月一八日付朝日新聞[4]（大阪版）が報じているように、箸墓が二〇〇〇個以上の桃の実で封じられていたことにおそらく由来するものであろう。

箸墓の被葬者について一般には、卑弥呼説とトヨ説があるが、空しい。すでに『紀記』が、トヨであることを明快に教示しているのである。

② 箸墓という名が示すこと

とはいえ私は、トヨが箸墓の被葬者ではあっても、唯一の被葬者ではなく、しかもその主たる被葬者などではないと考えている。その理由は「箸墓」という名称である。ホトを箸で突いたというが、日本で箸が使用され始めるのは六〇八年、タリシヒコ推古《スイコ》時代に小野妹子《オノノイモコ》が導いてきた隋の使者裴世清《ハイセイセイ》をもてなすために催された祝宴[5]の時とされている。[6]崇神時代にはまだ箸は使用されていない。だから箸でホトを突くこともありえないので、食物を口に運ぶ器具としての箸という意味の墓ではないということになる。むしろ箸は、ペルシア人を表わす波斯《ハシ》という語の仮面であろう。箸墓は波斯墓であって、ペルシア人の墓を表象するものと捉えるべきなのである。

ところがトヨは、ペルシア人ではなく倭人である。証明しよう。ヒミコ一族の宗女トヨが、ヤマタイ国と「男王」と記される神武勢力との政治的妥協によって象徴的女王とされたのは、二四七年、[7]数え年一三歳の時だったから、二三五年生れである。ヒミコ自身は女王となって以来、鬼道に通じ、取り次ぎ役の男性以外とは口をきかず、人前に姿を見せることもなかったと「魏志倭人伝」が伝えていることから判断すると、鬼神と通じる巫女であり、しかも誰とも交流しないのは渡来人で倭語が話せなかったためであろう。「長大であった」というが、それは二四〇年ころの話で、人前に立つのも憚られるほど老いさらばえていたのではないかと思われる。またヒミコが倭の女王として新羅の阿達羅《アダルラ》王に送使した一七三年の前年には、中国の江南では許昌父子という強大な力を持つ巫術者が乱を起し討伐されている。王を名乗るほどの大乱であったにもかかわらず、首謀者一族が殺された等のその後の消息を中国資料は伝えていない点からみて、許氏一族は倭国に亡命したのではないかとも疑われているが、政治的情況と時系列の連続性からみて妥当と思われる。その許氏の娘が卑弥呼であろう。

「許《キョ》」というのは、今でも中国の少数民族の一つ羌《キョウ・チャン》族の鬼神に通じる巫者の呼び名で、始祖の顔は猿であったという。[8]白いロングスカートと羊皮のベストというのが典型的な装いとされているが、おそらく許氏はその職掌が姓となったものであろう。また中国では、仙女は鼻の頭にきび粒ほどの黄色いしみがあるとされている。[9][10]すなわち黄玉である。そうした意味で許氏の巫女は許黄玉と呼ばれていたのではないか。女性の実名ではなく職掌あるいは尊号である。ヒミコも日の巫女がルーツの職掌名であろう。だから卑弥呼は許黄玉でもあったとみておかしくない。

そうすると卑弥呼は、一七二年ころ中国を追われて渡来してきた羌族の許《キョ》の巫女の可能性がきわめて高いが、ペルシア人ではない。五胡の一つに羌があるので胡とはいえるかもしれないが、それにしてもその子孫のトヨが生まれたのは一族の亡命の六〇年あまり後のことであるから、すでに何世代かにわたって倭に根付いていたのは確実である。従ってトヨは倭国で生まれたという意味で倭人である。

トヨはハシヒトつまりペルシア人ではない。だから箸墓に葬られてはいるが、その主たる被葬者ではありえないということになる。主は他にいる。ではそれは誰か。当然にもトトビつまりトヨが結ばれた大物主と呼ばれる美しい男であろう。彼こそがハシヒトつまりペルシア人であったために、その墓を人々はハシ墓と呼んだのである。とはいえ本当に大物主は死んだのか。『書紀』は彼が大空を踏んで三輪山に隠れたとしている。隠れたとはお隠れになった、つまり死んだということである。しかも『書紀』は、ただ「葬った」というだけで、一体誰を葬ったかを明らかにしていない。文脈上トヨの死のみを明記することによって、トヨだけが葬られたと誤解するよう誘導しているのである。しかし死んだのはトヨだけではない。大物主も死んだのだ。トヨと大物主は、二九六年の同じ日の朝方、同時に亡くなったと『書紀』は密かに語っているのである。

人々はハシヒトを主とし、その側にトヨを葬った。箸墓は、最初期時代の前方後円墳の一つといわれているが、円形部分が五段、方形部分は四段で構成され、また各々の上部から出土する副葬品、器材には明確な違いがあるといわれている。トヨの祖である卑弥呼が中国江南の許氏であったとすれば、トヨの墓形は方墳であるはずだから、おそらく円形部分に、主たる被葬者の大物主と呼ばれた美しい男のペルシア人が埋葬され、トヨは方形部分に葬られたと推定することができる。

3 トヨは六代の倭王の皇后となった

次の問題は大物主と呼ばれるペルシア人の実名であるが、その前に、一つの疑問に結着をつけておかなければならない。それは崇神時代の二九六年に、大物主ペルシア人の妻として神武の皇后であったトヨが立ち現われていることである。二三五年生れのトヨは二九六年には六二歳となるが、長命であれば可能性は高い。

それではトヨは神武の皇后になったのち、どのような変遷を経て崇神時代に大物主ペルシア人の妻となったのであろうか。『紀記』によると神武死後息子の綏靖《スイゼイ》が立ってから、安寧《アンネイ》、懿《イ》徳《トク》、孝昭、孝安、孝霊、孝元、開化のいわゆる事績が記されていないため欠史八代と呼ばれる倭王が続いたことになっており、崇神はその後に立った王とされている。しかし欠史八代最後の開化の死が四六一年（一〇月埋葬という月干支による）であるのに対して、崇神の死は三一八年（『古事記』の年干支による、また『書紀』の月干支も一二月が一月ならば同じ）とされているのだから、欠史八代の後に崇神が即位したということを、実は『紀記』自身が否定しているのである。崇神朝というのは、神武・欠史八代王朝のある一時期に同時並行的に存在した王朝であったのだ。だから崇神時代に神武の皇后トヨが出現してもおかしくはないのである。この点については後で論じることにして、今はトヨに関する時系列を明確に把握するために、もう少し詳しくみて行こう。

　神武の即位は、辛酉《シンユウ》年に革命が起きるという妄想に近い辛酉革命論に基づいて、辛酉年と『書紀』にはあるが、その月干支は冷静に二六六年を教示している。翌年の神武二年の月干支も二六七年に該当するから、神武の即位元年は二六六年と考えてよいだろう。

　この年倭の女王（トヨ）が建国（二六五年）したばかりの晋に送使朝貢したことを『晋書』[11]起居注二六六年条にみることができるから、神武と晋の間には容易ならざるわだかまりがあって、神武としては晋に冊封《サクホウ》を求めて朝貢しづらいために、トヨを前面に押し立てざるをえなかったというのが実情であろう。案の定、トヨは倭王として魏時代の卑弥呼のようには承認されることなく終った。

　さて神武の没年は月干支によると二四八年である。しかしこれは不可解である。二四八年に死んだ者が、死後の一八年後に即位するなどということはありえない。従って神武は、神武となる前の二四八年に没したのであるから、二六六年に神武として即位したのは息子の綏靖であったと考えるのが妥当である。

　なお神武が没する前年の二四七年には、卑弥呼が死んで男王が立ったが国中が服さず争乱状態になったので、トヨを女王として立て和平したことが「倭人伝」に記されているから、その男王というのが倭王神武となるべく倭国を侵略し始めた綏靖の父と推定される。彼を他国からの侵略者とするのは、武の人としてはすでに晩年の四五歳になって突然、しかも前歴の一つもみえないにもかかわらず、東に良い国があるから行って奪おう[補注1]と言ったとあるからである。老いて前歴がないのは渡来者ということであり、行って奪おうというのは、まさに侵略者そのものの姿である。侵略開始早々に卑弥呼を殺すことに成功した彼であったが、そのわずか一年後に死んでしまった。『紀記』はその事情に踏まえて、神武と綏靖二人の和風諡の冠に共通の「神」を付けることによって、二人が父子であり、また二人で一人の神武という人格と行為を荷ったことを暗示させているのである。父の諡《オクリナ》の神《カム》ヤマトイワレビコは、彼が神武のイワレ＝由来となった人にすぎないことを、さりげなく示唆していると推察される。

実際『書紀』の神武条は異様である。その条の九九％が征服戦争を内容とする即位前紀で占められ、即位後の事績としては臣下に論功行賞を行ったこと以外何も記されていない。事績が記されていないため欠史とされ、仮空の実在しない王と考えられている欠史八代の諸王と同じである。いやそれ以上に、実在が疑われるべき王の筆頭といっても過言ではない。彼は上記のように倭国侵略の緒についた直後に没し、その父のやり残した侵略を一八年ほどかけて完遂した末の二六六年に倭王として即位したのが、神武とも呼ばれる息子の綏靖だったのである。

とはいえ、私は欠史八代を欠史だからといって実在が疑われる諸王だったとは考えていない。なぜなら欠史ではないからだ。事績が記されていないのは本人の条の中であって、実際は他の倭王の条の中にそれがしっかりと記されていることを読み解けるからである。史人《フヒト》らは本当に侮れない。表面上沈黙を装いつつ、他の王の条にその確かな存在と実績を紛れ込ませる技巧を駆使して存在を否定しつつ存在の実相を浮び上らせようとする『書紀』編者の権力側の史人としての手腕と、隠しても隠しきれない真実を語る者としての歴史家の矜恃との葛藤が仄《ホノ》見《ミ》えて、肌に粟粒の立つ思いのするのがこの欠史八代である。

それはさておき、上記からみて神武・欠史八代は二六六年から四六一年の間の王朝である。それに対して崇神元年は二九六年（月干支より）で、その末年は三一八年である。ただし崇神元年は崇神が来倭した年にすぎず、師木《シキ》に宮を遷したという崇神三（二九八）年が実際の即位元年と思われるが、それにしても崇神朝というのは欠史八代の後に続くのではなく、神武・欠史八代の約二〇〇年という長期に渡る王朝の、初期の一時期にすぎない二九六年から三一八年の二二年間だけ、他所に同時並行的に存在した短命な王朝であったということになる。

ところで綏靖は神武であり、また即位の二六六年に晋に送使した女王トヨの件からみても、その皇后がトヨであったことは明らかであるが、その綏靖は二八四年（月干支より）に没して安寧が立ち、ヌナソコナカツヒメが立后している。その名のヌナ（渟名）は、神渟名川耳（綏靖）のヌナに符号する。ヌナ川とは瓊《ニ》の川の訛ったもので、[12]瓊は太珠《タイシュ》のことである。太珠といえば翡翠《ヒスイ》である。翡翠は縄文時代中期から、死と再生を司どる呪物として金より珍重されたといわれ、日本の新潟の姫川《ヒメカワ》が極上の採地であったとされている。[13][14][15][16]従ってヌナ川は、かつて越《コシ》と呼ばれた地の翡翠の採地の姫川を表象する語と考えられる。この翡翠による豊富な経済力を基盤として強大な軍事力を備えた一大強国が越に成立していたことは疑う余地のないことであるが、この点については後に触れよう。

このヌナ川は、『三国史記』[17]「高句麗本紀」では王名中の「川」一字に収斂されていると思われるが、ともに倭国の越の姫川の表象であろう。高句麗第一一代東川《トウセン》王の時初めて句麗は高句麗と呼ばれるようになったらしい（丸都《ガント》紀功《キコウ》の碑[18]文中にみえる）ところからみて、「川」は高句麗高氏の表象に他ならず、それは高氏が姫川を初発とする氏族であることに起因すると推測される（後述）。

従って神武・綏靖父子は高氏であることが判明するのであるが、ヌナソコナカツヒメとは「姫川の川底に眠る翡翠のようなヒメ」すなわち「高氏綏靖の手の内にあったヒメ」ということを暗示しているとみてよいだろう。すなわちトヨである。

安寧の次に懿徳が即位するが、皇后は何と天豊津《アマトヨツ》ヒメとされている。文字通り、豊《トヨ》である。

次の孝昭の皇后はヨソタラシヒメであるが、「ソ」は「タラシ」によって「タ」に近似の「ト」と読むべきことが示唆されていると解されるから「ヨト」となり、ひっくり返せば「トヨ」となる。あるいはタラシの足の字が「十分ある」の意味も持つので甘や豊と同義とみることもできるから、豊に置換できる。従ってこの名もまたトヨを表象していると考えることができる。

孝昭の後に孝安が即位するが、皇后は押ヒメである。押＝オシ＝オオシで「大」に通じるから大ヒメである。大いなるヒメ、つまり大女王といえばこの時代はトヨ以外にない。従ってまたトヨである。

孝安の息子の孝霊の皇后は細ヒメとされているが、古注に、一書では春日千乳早《チヂハヤ》山香ヒメというと付記されている。また妃として倭国香《ヤマトノクニ》ヒメ別名ハエイロネを列記しているが、十市県《トウチノアガタ》主《ヌシ》系図には大日彦の娘に倭国早山香ヒメ別名ハエイロネがいると出ている▼19。春日千乳早（今の大阪府千早赤阪村あたりか）は大雑把にいえば倭国であるし、香ヒメは早山香ヒメの省略形であろうから、上記三者は同名ということになる。そして大日彦は『紀』の大彦と思われる。だから結局名の如何にかかわらず孝霊の皇后は大彦の娘ということになる。この点は大変重要である。孝霊になって初めて、トヨではない大彦の娘が立后しているのだから、トヨは孝霊の父孝安の時に、その皇后として共に没したということになる。

神武から孝安までの六代の倭王の皇后であり続けたトヨがついに没した。大女王を表象する押ヒメの名を与えられたのも、なるほどもっともと納得されるのであるが、それにしても六代の倭王の皇后とは……。事実はやはり小説より奇なりであった。

4 主たる被葬者は孝安である

六代の倭王の皇后であったトヨの死によって、大物主という美しい男のペルシア人の実名も明確となる。トヨの最後の夫となった孝安である。孝安こそが箸墓の主たる被葬者大物主だったのである。トヨはその側に眠っている。

ところで大物主の実像は美しい小蛇と記されているから、一歩踏み込んで蛇トーテムクランの月氏というべきだろう。中国資料に残されている月氏の言葉は、ペルシア語で解読できるといわれているし[20]、大月氏国を武力統一したクシャナ朝のコインには、大柄で多髭な王の姿が打刻されている点からみても、月氏はペルシア人のサカ・スキタイ人系の一派であったことは明らかである。孝安はそのペルシア人・月氏であったのだ。中国資料に人面蛇身、青眼赤髪の大人《タイジン・オオヒト》が登場するが、やがて大人の名称が月氏に変わる。人面蛇身とは蛇トーテム族をいうが、月氏も蛇族だから同族である。孝安も青眼赤髪の白人系で、実際に美しい男だったのであろう。また大物主について、「その白い腕に抱かれて」という女性側からの歌の記述が『古事記』に二度現われることも、彼が白人種であることをさりげなく示唆していると思われる。

大物主の子というオオタタネコも、従って孝霊ということになる。その諡はオオヤマトネコヒコフトニであるが、オオタタネコはオオヤマトネコの短縮形とみなすことができる。彼もまたハシヒト、ペルシア人の月氏であったことは言うまでもない。ただ彼の実母がトヨであるわけではないことなどについては後述としよう。

孝安がペルシア人の月氏であることが証明されたことで、彼の諡の意味も明確となる。和風諡はヤマトタラシヒコクニオシヒトであるが、クニオシヒトは国を倒した人つまり倭国の簒奪者を表象する。重要なのはタラシである。タラシが足、垂、帯等で表象される慕容氏出自を示すのは周知のことである。一般に慕容氏が帯方郡を根拠地としたので帯等で表象されるといわれているが[21]、私はむしろそのレガリアである花樹状歩揺冠《ホヨウカン》がルーツではないかと考えている。歩くと揺れる垂れ飾りのついた王冠を「垂」で表象しているのである。彼らはそれを好んだので歩揺すなわち慕容氏と呼ばれたといわれているが、しかしそれは他称にすぎない。自称は休氏別名金氏だと私は考えている。その根拠は『晋書』「載記《サイキ》」によると仲哀《チュウアイ》の子忍熊《オシクマ》を苻洛《フラク》が休忍《キュウニン》と呼んでいることである。その「休」はミンチア語（中国雲南に住む自称ポツォ、ペー《白・シロ》族の言語）の金を意味するKyi[22]がルーツと思われる。また「熊」は金馬とも表記される古代韓国語で金の意味を持つ。このように休も熊もともに金を意味する語であるから、同義語なのである。従って忍熊＝忍休で、ひっくり返せば休忍である。なおミンチアは閩（ビン、ミン）の一家つまり蛇一族のことと解されるが、確かに蛇トーテム族であるし、古代から不変の居住地がかつての小月氏滇《てん》の本拠地に近い点からみても、月氏の末裔と推定できる。その意味では、ミンチア語は、漢チベット語系チベット・ミャンマー語族イ語支に分類されているが、ミャオ語、ヤ[23]オ語と同様に歴史的には月氏語と分類されるべきであろう。ミャオ、ヤオ、ミンチア族等が月氏の末裔であることは、蛇・雷を崇拝するところからも、また人間的形質（色白、大柄等）からも裏づけられるものである。なおミャオ族は雷族によって絶滅寸前まで追い込まれた過去をもつため雷を捨象しているが、始祖伏羲《フツギ》の父は雷神であるから、本質は同じ蛇雷族である。

その休氏は、おそらく前一世紀半ころから後四五年まで大月氏国を五侯の一人として支配した休密《キュウミツ》が、直接の祖ではないかと思われる。「密」はミャオ語で母《ハハ》の意味だから、休密は母なる木の芯であるモンを崇拝する月氏（ミャオ族と月氏の由来を語る叙事詩『楓木歌』[24]による）に最もふさわしい名といえるだろう。慕容氏の東方移動は、大月氏国の内乱に際してクシャナに敗北し、国を追われた結果起ったものと推測されるが、ちなみに加羅を建国した金首露一族も、休密と同盟し闘っていたオアシス都市国家クチャ王家一族で、大月氏国の内乱に関連する莎車《サシャ》の侵攻に敗れクチャから東方移動した休密一族と私は考えている。これらについては第四章①と②大月氏国の内乱のところで詳述する。

足《タラシ》はまた「タラの」とも考えられる。金思燁《シブ》氏によると[25]、タルは韓国語の「月」だから、タラシは「月氏」の表象とも捉えられる。さらにタラはドラヴィダ・タミール語の頂《イタダキ》の意味をもつターライがルーツでもあろう。そして足は「十分ある」の意味で豊と同義語だが、豊がまた韓国語ではふいご、従って鉄等の金属という意味の金の表象である点からすると足は金山（白山、アルタイ山）を表象するものとなる。それは慕容氏が金山を故地とする氏族であったことによるものであろう。

漢風諡はより明確である。孝安の安は安息国の安であり、彼が安息国王統の安氏であることが示唆されている。一般的には安息国は二二四年に滅亡したパルティア[26]をいうが、ここで注意を要するのは、パルティア本国の王統が一二年に断絶している点である。一二年以後は素姓の知れない自称アルサケス王が続き、内戦をくり返したといわれている[27]から、厳密にいうとすでにパルティアはアルサケス王統とは言い難い。むしろパルティア滅亡後もアルサケス直系が王統であり続けたアルメニアこそ、正真正銘の安氏なのである。しかも一二年に非アルサケス王統アルタバーンに王位を奪われた時も、二二四年にササン朝ペルシアによって滅亡した時も、宗主国パルティアのアルサケス王統一族は、おそらく大半がアルメニアに亡命したはずである。従って孝安は、アルメニアのパルティアアルサケス王統の末裔と考えるべきであろう。

孝安がペルシア人であることは先に考察した通りであるが、そのペルシア人というのはここでより具体的に、パルティアのアルサケス王統を堅持し続けたアルメニアのアルサケス王統の人であることが導き出された。

5 孝安はスーレーンの子であった

孝安がパルティア王統直系のアルメニア王家の後裔であり、しかも慕容氏でもあったということから想起されるのは、アルメニアのアナグとスーレーンの父子のことである。アルメニア資料では、パルティアがササン朝に滅ぼされた後に、アルメニア王がササン朝のアルダシール一世を暗殺する者を募った時、アルサケス一族のアナグが名乗り出て、二四一年にその暗殺に成功したが、アナグは帰国途中で死んでしまう。そして二人の子が残された。兄の方はやがてキリスト教の道に進み、グレゴリウスとして名を残したが、弟のスーレーンはエフタルに嫁いた叔母の許で育ち、成人後チェン（中国）に国を建て、一九年間支配したのち二八〇年ころ死んだとされている。[28]

三世紀にエフタル[29]が登場する点を疑問視され、不信の資料とみなされているようだが、私はそうは思わない。理由は、エフタルが東方の慕容氏の西方での呼称だと推定されるからである。その根拠は多岐に及ぶ。まず、エフタルは『魏書』西域などでは大月氏とされており、慕容氏も上記のように大月氏である。また、ササン朝のパフラヴィ語資料はエフタルをヒヨーン人としていると解せるが、この音はホヨウに近いから慕容氏に通じる。ササン朝ペルシアは、エフタルを慕容氏と認識していたようである。

実際エフタルは、五世紀初頭に史上から姿を消した慕容氏の後を追うように西方に現われ、早くも五世紀半ばにはアフシュンワール王[30]の下で一大強国に成り上っている。エフタル自身は、三八〇年ころ勃興したと自称している（『通典』[31]西戎五嚈達《エンタツ》、『魏書』[32]本紀四五六年条）が、その時期は三七〇年の慕容氏の前燕滅亡後しばらくしてのことだから、勃興とはその再生をいうと思われる。この歴史的経緯も、両者に深い繋がりのあることを示している。

「アフシュンワール」はアーリア語で権力を持つ者という意味だから、[27]彼はアーリア人と考えられているが、なるほど人間的形質においても、エフタルが西方で白フンと呼ばれ、慕容氏が東方で白部鮮卑といわれているので、ともに白人種で共通する。

従って、慕容氏は東方での呼び名で、西方ではエフタルと呼ばれた同一氏族だったとみてよいだろう。

ちなみにエフタルは、トルコ語の白山を表わすエクターグの転訛と考えられる。とするとエフタルは、白山＝金山＝アルタイ山を故地とする慕容氏に最もふさわしい名であったといえるだろう。そしてエフタルも長い間金山にいたと、上記資料が記している。

慕容儁《シュン》景昭帝と同一人物とみられる（後述）景行の宮が高穴穂《タカアナホ＝アナヒター》の宮（景行五八＝三四五年条）といわれ、また景行の別名と考えられるヤマトタケル（後述）が燃え盛る火の中から再生したり、タケルの幼名と思われるホムツワケが火の中から生まれるというのは、ゾロアスター教を思わせる話であるが、エフタルはゾロアスター教である。ただしその王冠が魚の頭の形をしており、神殿に魚の骨を供えるなどのように魚神ズーンを崇拝しているから、一見奇異であるが、魚は景行が鯉で弟姫《オトヒメ》を誘惑した点や、休氏と同義の金氏加羅は、魚を意味するドラヴィダ・マラヤラム語のカラや、鯉の意味のタミール語カヤルがルーツの魚神崇拝国である点からみても許容範囲といえるし、魚冠は、慕容氏として死に、エフタルとして再生したことを宣言するものであったとも考えられる。

要するに、東方で慕容氏と呼ばれた氏族が西方でエフタルと呼ばれ、またササン朝ペルシアではヒヨーン人と呼ばれていただけのことである。西方のアルメニアでは、慕容氏はエフタルと呼ばれていたはずであるから、三世紀のアルメニア資料にエフタルがあっても、何の不思議もないのである。だから、スーレーンの叔母は東方でいう慕容氏に嫁いでいたとみてよい。

その慕容氏は、スーレーンを養子として育てたはずである。また叔母に頼らざるをえなかったことから考えると、スーレーンは、父アナグが死んだ時、まだ大変幼かったと推測できる。二四一年に幼児だった彼が、東方の慕容氏の許で成長して中国に建国したのは二六一年ころで、二八〇年ころに死んでいるのだから、スーレーンは孝安の父の世代の人に該当する。さらにアルメニアは当時まだ滅亡してはいないのだから、その国に居るパルティア王統安氏が、東方移動する確率はきわめて低いとみてよい。スーレーンのケースは非常に稀なことである。とすると、スーレーン自身が孝安の父であったと考える方が合理的であろう。私は孝安をスーレーンの子と考える。

またスーレーンの叔母が嫁いだエフタル＝慕容氏というのは、世代的にみて二六九年生れの慕容廆《カイ》（ヤマトタケル＝ホムツワケの祖父）の祖父（名は不明）の可能性がきわめて高いと推測される。スーレーンはその養子となったはずだから、本姓は安氏だが、公称は慕容氏である。孝安の諡が慕容氏と安氏の両方を暗示するのは、こうした理由によるものと思われる。

ところで廆の祖父の子、つまり廆の父は渉《ショウ》というが、渉はスーに通じるから、渉こそスーレーンその人ではなかろうか。父アナグの死後、ローマ領に逃げた兄とは別に、スーレーンは東方のエフタル＝慕容氏に嫁いだ叔母に養われたといわれているが、そのことは彼が幼いどころか、そもそもアナグの死後に生まれた可能性を浮上させる。王を暗殺されたササン朝の怒りはすさまじく、当然にも暗殺者一族の皆殺しを命じられた討伐隊が放たれたであろう。その追撃から逃れることができたのは、ひとえに父の死後の誕生という奇跡的な巡り合わせのたまものではないかと推量されるのである。おそらくスーレーンは、父の死の翌年の二四二年に生まれたのだ。生まれ落ちたスーレーンは叔母の夫である廆の祖父の養子として育てられ、長じて渉の名が与えられたと推察される。

渉は遼東に進出したといわれ、後述のように二七六年に死んだとみられることから、スーレーンが長じて中国に建国し、一九年間支配したというのは、スーレーン＝渉が二五七年に単于となり、遼西から遼東に慕容氏一族を引き連れて移動定着した事実をいうと思われる。

ともかくここでは、スーレーン＝渉こそが東方の安氏、公称慕容氏の始祖であり、孝安は廆とともにその息子であったということを確認しておきたい。

第二章

動乱二九六年
神武・欠史八代王朝前期の終焉

[1] 報復の連鎖

さて、孝安とトヨの死は二九六年のことであり、葬られたのは、孝霊即位前紀によると二九九年（月干支九月が一〇月ならば）であるから、箸墓の成立は二九九年のことと推定される。前にも触れたが、『書紀』は孝安とトヨが同じ日の朝に死んだと記している。しかし倭王と皇后が同時に亡くなるというのは普通ではない。異常事態である。このことは、彼らが戦乱の内に殺された可能性を浮上させる。

そもそも孝安はいつ即位したのだろうか。『書紀』によると二九六年（月干支一月が二月なら）である。何と、彼は二九六年に即位したが、その同じ年に没したのだ。孝安の前の孝昭はどうか。冗談ではない。同じ二九六年（月干支より）に即位している。その死は八月朔丁巳とあるから和暦では三一六年に当るが、しかし晋暦と比較すると奇妙なことになる。八月以外の一一ケ月はすべてピタリと一致しているにもかかわらず、八月のみが不一致である。これは和暦八月干支が信用できないということの暗示であろう。従って、没年は三一六年ではないと考えるべきなのである。次の倭王孝安が二九六年に即位していることからみても、孝昭は即位と同じ二九六年に死んだのだ。崇神の即位も二九六年とされていることはすでに述べた。孝安の子孝霊の即位はどうか。月干支によると二九五年だが、父より一年前の即位などありえないから無視して、真実に迫りうる鍵を探そう。翌二年に細ヒメが立后しているが、これが鍵である。その年は月干支からみても二九六年であるから、この年が孝霊の本来の即位年であろう。

二九六年！　何とおぞましく、痛ましい年であろうか。孝昭が即位して死に、次に孝安がトヨとともに死んで、孝霊が即位し、崇神も「即位」した。もうメチャクチャである。頭をかきむしり吠えたくなる気持を押えて、今は混沌の二九六年のことの次第を解き明かして行こう。

糸口を与えてくれるのは、孝安とトヨの同時の死である。ただの死ではない、戦乱の中での死のイメージ。『書紀』が箸墓伝説の条で密かに伝えたかったのは、このことであろう。ならばより緻密に、戦乱の中に箸墓伝説を位置づけ直す必要がある。

そもそも『書紀』の箸墓伝説は、崇神一〇年九月条に、まず崇神勢力の大彦が武埴安彦《タケハニヤスヒコ》（『記』では建波邇安王《タケハニヤス》）の乱を平定したという記述の直後に、「その後に」として語られているから、二九六年九月ハニヤスが謀反を起して討伐され、その結果大物主・孝安とトトビつまりトヨが死んで箸墓に葬られたということになる。二人の死の原因は、ハニヤスの乱であった。

なおこの条について、「その後」というのは前後の繋がりの整合性に欠けるといわれているが、それはその後に続く一文の「トトビが大物主の妻となった」に繋がるものと誤って読むせいである。「その後」は、そこではなく、その段落末尾の「箸がホトを突いて死んだので大市に葬った」という部分に一直線に崩れ込み、落ち着くのである。これは『書紀』の仕掛けた罠、躓きの石だからサラリとかわさなければならない。要するにハニヤスの乱が原因で二人は死に葬られたのである。

ただし「ハニヤスの乱」は曲者で、これも細心の注意を払って読み解く必要がある。まず孝安の安はヤスとも読むので孝安はハニヤスと考えられる。そしてハニヤスの乱というのは、ハニヤスが謀反を起こし成功して倭王孝安となったということだが、ハニヤスが謀反を起こした相手は、先王の孝昭であって、崇神、大彦ではない。つまりハニヤスが孝昭を攻め殺して王位を簒奪し、倭王孝安として即位したのである。ここまでは筋が通る。ところが次に、ハニヤスが謀反を起こしたから大彦が討ったとなると話は別である。そこには論理の飛躍があり、錯乱がある。なぜならハニヤスはすでに孝昭朝を倒し倭王孝安となっていたからである。その倭王孝安を大彦が討とうとしたのだから、この場合の謀反人は大彦の方である。討たれるべきは大彦であろう。この錯乱の原因は、以下の二つの事変、謀反の混同である。

まず第一の事変は、ハニヤスつまり後の孝安が孝昭を討伐し王朝を奪ったことで、第二の事変は、孝安が孝昭を討伐し倭王となったために、大彦崇神等が復讐と王朝の奪回のために孝安を誅伐しようと倭国に侵攻し、孝安を殺したことである。ベクトルの相反する二つの事変がたて続けに起ったのである。その過程が一部意図的に省略されることによって、あたかも孝昭、崇神側にのみ義があるかのような片手落ちの、訳のわからない記述となっているのである。

ところで漢風諡の「崇神」は、神武を崇拝する勢力という意味であり、和風諡の「ミマキイリビコイニエ」も、イニエはタミール語のイライバンをルーツとする「王」、イリビコは「渡来、侵入してきた王」、ミマキは「任那（大伽耶）」であるから、「任那から来た王」を表意する。つまり崇神は、「神武勢力の、任那＝大伽耶から渡来してきた王」だと、その諡が教示しているのである。

しかし不可解なことに、崇神自身は戦ったことが一度もない。戦ったのは大彦らであり、崇神の存在は空気のように稀薄である。また大彦の大は大伽耶の大と同字で、彦は日子＝王であるから、崇神というのは、むしろその名が大伽耶から来た王を表象する大彦と捉えるべきであろう。大彦は崇神が率いるイサセリヒコ等の軍将の一人とされているが、歪曲であり、事実は大彦が崇神として他の三人の軍将を引き連れていたのである。

以上の二九六年のカオスの前半を整理すると、孝昭が即位したのをペルシア人の孝安が来襲して倒し、その王朝を簒奪すると、すぐさま大伽耶から大彦らのいわゆる崇神勢力が奪還のために侵攻来倭し、孝安を殺したが、トヨもその戦乱の中で没したということである。

② 敗者崇神と安氏孝霊朝の成立

孝安を殺すことに成功した大彦らではあったが、安氏王朝そのものを倒すことはできなかった。『書紀』は大彦が倭に侵攻し孝安を殺したことをもって、崇神の即位と強弁しているにすぎない。淳名城入姫《ヌナキノイリビメ》に大国魂神《オオクニタマ》を祀らせようとしたが、やせ衰えてできなかったと崇神六年条にあるが、祭祀できないことは統治できないことであるから、それは崇神が即位できなかったことを意味する。即位していないのだから「六年」などありえない。事実、「即位」＝「来寇《ライコウ》」の直後に倭国は内戦状態となり、半数の人々が死んだと崇神五年条にある。当然五年は絵空事だが、内戦のあった事実は確認できる。二九六年九月に倭国に侵攻してきた崇神勢力は、孝安を殺すには殺したが、孝安朝側のすさまじい反撃の前に、ただなすすべをなくしていた。そんな時、崇神の夢枕に現われた大物主・孝安が、この戦乱は私の恨みによると言っていることも、孝安を殺したために孝安側の反撃のすさまじく、収拾のつかない状態になり到ったことを示唆している。大物主の夢のお告げによって、彼の息子のタネコに祀らせると平和が訪れたとされていることも、祭政一致の古代の原則から考えると、タネコに祭祀権を渡すことは統治権を渡すことだから、タネコの統治権を認めたということのようだが、孝安を殺しただけで、勝利もしていない崇神大彦が、生意気にもタネコに統治権を認めるなどできるはずもない。実は崇神勢力は勝利できなかった、つまり倭国の権力を奪回できず、敗北したのである。そこで大彦は、娘を差し出し和親の盟約をして、孝安の遺児孝霊が、孝安の開いた安氏王朝を継いで即位したということである。和親の証しとして大彦が娘を差し出したことは、孝霊の皇后が大彦の娘であることから容易に識ることができる。

3　隠された慕容廆と狗奴国の参戦

孝昭を殺すために倭国に侵攻してきたのは孝安孝霊父子だけではなかった。動乱の二九六年の翌二九七年に、廆《カイ》の息子皝《コウ》が生まれているから、孝霊と同様に、廆も二九六年一〇月に大彦と和親し、大彦の娘を娶ったと考えられる。中国資料が沈黙している廆の妃が大彦の娘であることは間違いない。従って慕容廆もまた弟の孝安と共に侵攻してきたと推定できるだろう。孝安が大彦崇神に殺された後も、遺児タネコを強力に援護して戦ったのは廆だったのである。

ハニヤスの乱の時、孝安は山背《ヤマシロ》、妻は大坂（奈良県二上山北側の穴虫越）から進撃してきたとあるが、これは半分の事実でしかない。孝昭を討つ時には、廆と共に山背から大和を攻めたのは当然だが、大彦に攻められた時には、大和で応戦したはずである。事実の半分について沈黙することで、孝安が倭王となった後に、攻め込んでくる大彦を大和で迎え討ったことを隠している。高氏が安氏と慕容氏に討たれ、敗れて結局大和から他所に退出し、地方に逃げ込みそこで王朝を立てざるをえなかったことなど、『書紀』は書くに書けなかったのだろう。勇ましげに崇神の四道将軍の派遣などとしているが、それは敗残崇神大彦勢力の、庬、孝霊への帰属と講和という事実以外の何物でもなかった。むしろ崇神勢力が諸地方で王朝を樹立することを、庬と孝霊が承認したとさえいえる。その意味では、庬と孝霊が四道将軍を派遣したのである。

また、孝安の妻の名が吾田《アタ》ヒメである点も示唆的である。その名は神武の妃吾田《アタ》の吾平津《アヒラツ》ヒメに近似している。二四七年に卑弥呼が殺される前に狗奴《クナ》国王と戦っていたと「倭人伝」にみえるから、神武は来倭する以前に狗奴国の吾田＝阿多（鹿児島県西部）勢力と同盟していた。その証しが吾平津ヒメとの婚姻と思われるが、綏靖の兄タギシ耳が生まれている。年長で、二四八年の父の死後長らく統治していたとあるから、父の後を継いでいたわけである。『古事記』にも、彼が先王の皇后トヨを娶っていたとみえている。そのタギシ耳を暗殺して綏靖が即位したということは、彼を暗殺しなければ即位できなかったということである。

神武即位前紀と「新羅本紀」二六四年条によると、二六四年までは二人は共に戦っていたので、タギシ耳の死は二六五年のことであろう。順当なら彼が神武として即位したはずであるにもかかわらず、弟が兄を殺した。ここにみえるのは、一枚岩であった神武勢力の分裂と抗争である。タギシ耳を擁立しようとする狗奴国と、綏靖の擁立を企む高氏ヌナ川勢力の武力衝突の結果、綏靖側が勝利し綏靖が神武として即位した。これはこの血にまみれて船出した王朝に暗い影を落とすこととなる。この政権は成立した時すでに崩壊の危機を孕んでいたのである。武力の半減した権力の末路は、すでにここに見えるのだ。長くは持つまい……。

タギシ耳を殺され敗れた狗奴国勢力は、直ちに故国南九州に逃亡し、以後は徹底的な敵対勢力となったはずである。大倭《オオヤマト》国の監察官一大率《イチダイソツ》が伊都《イト》国（今の福岡県糸島）に駐在し、監視の目を光らせていたと「倭人伝」にあるが、それは、この敵対勢力に反転した狗奴国の動向を探りつつ、威圧していたということに他ならない。

孝安がこの反神武王朝勢力の狗奴国と同盟していたことを、妻吾田ヒメの存在が雄弁に物語っている。大坂から孝昭を攻めようとした吾田ヒメ軍とは、狗奴国王軍であり、孝安軍の一翼を荷って九州から侵攻してきたのである。おそらく三一年前の怨みをふつふつとたぎらせながら。

崇神が渟名城入ヒメに倭大国魂神を祀らせようとしたができなかったという条もまた、示唆に富むものである。タネコに大物主を祀らせ、市磯《イチシ》の長尾市《ナガオチ》に大国魂を祀らせると平和が訪れたとされているが、これはタネコと長尾市が祭祀権と統治権を得た、つまり崇神に勝利し政権を掌握したという意味である。タネコは孝霊だから当然だが、長尾市とは一体何者なのか。市磯は今の奈良県桜井市北部とされている。箸墓のある場所を『書紀』は大市《オオチ》（今の桜井市芝付近）としているから、纏向《マキムク》のあたりに居住する旧ニギハヤヒ勢力の子孫であろう。尾市は大市に通じる。

ニギハヤヒはかつて大和に侵攻してきた神武に帰属したとされているが、実はすでに椎根津《シイネツ》彦《ヒコ》を派遣して神武を海上で出迎え、決戦場の近畿まで導かせているから、盟友ナガスネビコを裏切り、いち早く神武側についていたと考えられる。椎根津彦が大亀に乗って現われたというのがその根拠である。亀はクチャ系金氏加羅勢力ニギハヤヒ（後述）のトーテムである。しかも彼はナガスネの生駒と鳥見《トミ》における対神武決戦に姿を見せていない。この異常さももう一つの根拠である。ナガスネ勢力は二六六年時に徹底的な弾圧を受けて衰微したとみられるが、ニギハヤヒはその素速い政治判断のおかげで根拠地纏向とともに温存され、根津彦も倭国造の地位を確保していた。それが孝安来襲時には、孝安と同盟している。

ニギハヤヒについては、私は奴国王帥升《スイジョウ》と笠狭《カササ》（野間岬）に降りたったという神代紀の金首露（『紀』ではカチハヤヒ）勢力ニニギとの政治的妥協に不随する婚姻によって生まれた阿達羅《アダルラ》の子孫と推測（後述）している。朴氏は他称で、襄《ジョウ》氏を内包する金氏とみられるが後述する。熊本県八代《ヤツシロ》市には、首露王の社と親しまれている八代神社があり、鹿児島県川内《センダイ》市には、亀の形をしたニニギの可愛《エ》陵があるので、魚、亀トーテム族の金首露ニニギ勢力の侵入は明らかであろう。またニニギが降臨したとされるクシフルタケの名からみて、クシはかつて「クーシー」と言われ、亀が繁栄するという意味の亀茲で表記されるクチャと解せるから、その王統金氏の降臨＝渡来は確実とみてよいだろう。

　奴国王の子とみられる帥升についても後述するが、私は、同時代を生きた高句麗遂成《スイジョウ》王と通じる点や、「高句麗本紀」大祖大王宮《ク》条と遂成条にみえる奪権闘争の経緯からみて同一人物と推定している。この帥升は、ニニギ勢力が北九州まで攻め上ったころ、娘をニニギの子に差し出して同盟合体した後に、才能をきらめかせる強力な孫として奴国（福岡平野）に生まれ育った阿達羅に奴国を任せて、一四六年、高句麗に転戦した。阿達羅を帥升の孫とする根拠は、名の「達」である。それは含達婆《ガンダルバ》の達であり、脱解＝大武神の倭奴国王統に連なる者の表象（後述）である。なお阿達羅を金首露（金海加羅国）系とする根拠は、当時の弁辰が入り乱れて明確な国境もなく、また倭製の内行花文鏡出土の、二世紀後半築造という金海市の良洞里一六二墓が阿達羅陵と推測されることである。羅は加羅の表象であろう。さらに以下の政治的動向の連続性も、もう一つの論拠である。そのころまで倭国は平和だったが、阿達羅が息子ニギハヤヒ（一世と仮定）に倭国統治を任せて新羅に転戦した一五四年、倭国に悲劇が訪れる。たて続けの二人の王の海外転戦は他国の乗っ取りだから、膨大な数の兵と財力を要したはずである。

二度に渡る王の転戦によって疲弊した奴国の国力は、微々たるものとなっていただろう。これを近隣諸国が見逃すわけがない。ここぞと攻めに攻めたはずである。倭国の後事を託された阿達羅の子が、追いつめられ、ついに北九州を放棄して、阿達羅の許に逃亡したらしいことを「新羅本紀」一五八年三月条に見ることができる。「倭人が来訪した」―これは父阿達羅の許への子の逃亡である。

しかし彼は倭に戻ってきた。ニギハヤヒ（二世、阿達羅の孫と推測）が一〇六年後の二六四年に神武の前に先王として登場していることが根拠である。ニギハヤヒ一世は父阿達羅に戦略戦術を授けられ、救援軍を与えられて倭国に戻り、瀬戸内から大和への生きるか死ぬかの侵攻を開始したと思われる。この時から倭国は完全に内乱状態に陥った。「魏志倭人伝」はこの経緯を以下のように記している。――その国、もと男子をもって王と為す。留まること七、八〇年、倭国乱れ、相攻伐して年を歴たり。すなわち共に一女子を立て王となす。名を卑弥呼という。

倭国の大乱は卑弥呼を女王として立てることで終息したといわれているが、その卑弥呼は後漢ではなく、新羅にさっそく送使した。これについては、今や新羅に君臨する大王阿達羅が、かつては倭国を支配する最強時代の奴国王だったために、卑弥呼は一七三年に帰属、冊封を求めて朝貢したのだと私は理解している。その背後には、阿達羅の武力的報復を恐れる卑弥呼の擁立者伊都国王と、後漢の追撃を恐れる卑弥呼一族許氏の思惑の一致があったと思われる。なお奴国には帥升の子孫が残存していたと思うが、もはや倭の覇権を失い、ただの一小国に転落していただろう。

大和まで勝ち上ったニギハヤヒは、すでに二世あたりだったと思う。一八〇年ころ纏向が突然隆盛となったといわれているから、ニギハヤヒは纏向に定着できたと思われる。大和での当時の大戦を伝える伝承は皆無であるから、彼は平和的に婚姻を通じて先住勢力に受け入れられたようである。その先住勢力が、広矛《ヒロボコ》をレガリアとする小[33]月[34]氏滇《テン》の末裔とみられるナガスネビコ（根拠地—唐《カラ》古《コ》鍵《カギ》遺跡）で、ニギハヤヒは王として迎えられたことは、ナガスネが自分の妹は自分の王ニギハヤヒの妃であると言い、神武に命乞いをしている条から窺い知ることができる。長尾市は、この纏向を根拠地とするニギハヤヒの後裔の、褒氏を内包する金氏の一支であったから、同族の異氏族の安氏孝安、慕容廆休（金）氏と同盟して、崇神大彦勢力に立ち向ったのであろう。

長尾市の参戦は同族としての絆によるものであろうが、狗奴国には遺恨という強い動機があった。しかし孝安や廆は、どの様な思いで倭国に侵攻してきたのだろうか。実は二人には、狗奴国に優るとも劣らない深い怒りと悲しみがあった。父の遺恨である。

4 二度名を変え、三度死んだ王―孝昭

廆と孝安の遺恨は、彼らが孝昭を討ったことの中に自ずと見えてくる。まず孝昭の特定から始めよう。孝昭の和風諡はミマツヒコカエシネであるが、ミマは任那[35]、松が高句麗を示唆する[36]ことは誰でも気付くことである。カエも「海」で海人族[37]とする説もあるが、海辺のある限り無数の海人族が存在していたはずだから、少々非力な文学的表現と思われる。カエはむしろ海を渡って来た「渡来人」の表象とみるべきであろう。しかしそれでも、まだ不十分である。私はさらに「カエシネ」を「名を変えた王」と読むべきだと考えている。この諡は「出自が任那の、渡来人で名を変えた高句麗王」の表象なのである。

では誰が名を変えたのか。まず先王の懿徳《イトク》であろう。懿徳はオオヤマトヒコスキトモと諡される。オオヤマトヒコは倭王、スキは古代韓国語のシィキとみると、鉄の城・都の意味となり、鉄を産すると「魏書」東夷辰韓条が語るように、新羅の表象となる。トモはタモでやはり韓国語の頭や王を意味する語だから、その諡は「新羅王の倭王」ということになる。新羅王というのは、「新羅の王」か「出自（父）が新羅王」のどちらかだが、すでに高句麗王であることが示されているので、後者である。孝昭の即位と没年は上記のように、ともに二九六年であるが、

懿徳の即位は二九二年（月干支より）で、この年に高句麗西川王《セイセン》が没している点は注意を要する。懿徳の没年は二九四年（月干支九月が八月ならば）である。

新羅系の謚をもつ王として、もう一人安寧《アンネイ》がいる。その謚シキツヒコタマテミのシキは上記のように鉄の城だから、シキツヒコは新羅王のことである。タマも王を意味し、テは所有の「〜の」、ミは耳の略でやはり王であるから、謚は「新羅王で、王の王」という意味になる。安寧の即位は二八四年（月干支より）、没年は二九一年（同上）である。二八四年は新羅王味鄒《ミスウ》が没した年で、安寧の謚が「新羅王そのもの」ということを表象しているのだから、ためらいもなく、安寧は新羅王味鄒が死んだことにして倭国に渡来し、大和で倭王として即位したと言い切ることができる。安寧は、もと新羅王味鄒である。しかも王の王、すなわち王の父王だというのだから、懿徳王の実父ということになる。なるほど、その息子の懿徳に「出自（父）が新羅王である倭王」という謚が付けられているのも当然である。何と分かり易いことか。懿徳は新羅王味鄒の実子であったのだ。

さらに懿徳の即位年が高句麗西川王の没年と同じ二九二年であることは、西川王が死んだことにして倭に亡命し、懿徳として即位したことを窺わせる。しかも懿徳は孝昭へと名を変えたということもすでに上記したとおりであるから、結局次々と名を変えたのは西川王であったということになる。またここで、高句麗西川王が、実は新羅味鄒王の実子であることも判明した。

味鄒は金閼智《アッチ》の子孫とされているが、金アッチは任那＝大伽耶の始祖伊珍阿鼓《イチンアキ》の名に近似している。始祖は別名内珍朱智ともされているが、珍は金、内珍を脳室（ネジル）と読んでも金、朱は五行説で赤が配当される新羅の表象で、智は君であるから、その名は要するに「新羅の君になった任那王金氏」ということになる。それは、第四代新羅王脱解時代に新羅に卵で現われて、脱解に重用されて大輔となったという金閼智に妥当な名といえるだろう。卵での出現というのは、他国から来た血統にない者のことである。「閼」は卵の意味だから、そのことの表象である。これらの点から、金閼智は任那の始祖の別名と考えてよいと私は思う。味鄒は任那王統金氏の末裔で、新羅王になった人なのである。

従って孝昭は、任那王統金氏で新羅王になった味鄒の実子である高句麗西川王であったが、死んだことにして倭国に渡り、まず懿徳と名を変えて即位した後に、再び死んだことにしてもう一度名を変えて孝昭として再即位したが、その直後についに本当に死んだ、ということになる。高句麗西川王は二度名を変えて、三度死んだ王だったのである。なお西川王は、公称は高氏だが、本姓は金氏であることもここで明らかとなった。

5 孝昭の父―倭人丹波の密友

系譜Ⓐ参照

新羅王味鄒が竹《タケ》で表象されることは、その墓名の竹長陵からも窺い知れる。「新羅本紀」二九七年条にみえる、伊西国《イセ》が侵攻してきた時に儒礼王の危機を救った竹の葉を耳に飾った陰兵の話も、その例証となるだろう。ただし私は、儒礼を攻めた伊西国王こそ翌年に儒礼を殺して新羅王となる基臨《キリン》であり、竹の葉を飾った陰兵というのは、竹で表象される味鄒の子の基臨軍を暗示するもので、それは「本紀」のいうような儒礼に対する救援軍などではなく、討伐軍だと考えているが、それはさておき、何故味鄒は竹《タケ》で表象されるのだろうか。

味鄒の名は密友を想起させる。密は先に述べたが、ミャオ語の母の意味を持ち、ミと発音されるから、密友はミユウとなり、ミスウに通じる。また「高句麗本紀」は西川王の諱《イミナ》（実名）薬盧《ヤクロ》の注に若友と記している。西川王の国相は陰友であり、死後はその子を国相としているように、西川王は陰友一族に擁立されたと推測されるが、その擁立者の名に友がある。西川王の諱の若友は、若い密友の表象であろう。また陰友の友は密友一族の表象と考えられるから、西川王は密友の子であり、密友一族に擁立されて王となったとみてよいと思う。ところですでに西川王は味鄒の子であることを証明した。だから味鄒は密友なのである。

密友というのは、西川王の祖父東川王の忠臣である。東川王が二四四年に始まる魏の毌丘《カンキュウ》倹《ケン》の第一次高句麗討伐によって、王都丸都《ガント》城を追われ、まず友軍の濊《ワイ・エ・カチ》の許へ逃げたが、毌丘倹配下の王頎《オウキ》の追撃により殲滅されたため、母の実家挹婁《ユウロウ》に亡命しようと竹嶺《チクレイ》に到った時、再び追撃してきた王頎軍によって絶体絶命の危機に陥ったところを、唯一人東川王の側に残っていた密友が命懸けで救ったという話が、「高句麗本紀」に記されている。その後東川王が挹婁に亡命したことは、王頎が粛慎《シュクシン》（挹婁）の南端まで行き戦功碑を立てて帰ったとある点から明らかである。王頎は東川王を追って挹婁国境まで行ったが、国境を越えることなく勝利を確信して帰ったわけである。その後東川王等は高句麗に復帰したが、留まる者がいて、後に新羅王となったと『北史』[38]高麗は記している。その時代に対応する新羅王は沾解《テンカイ》（二四七―二六一在位）と味鄒（二六二―二八四在位）（以下在位略）であるが、沾解は大臣かつ大将軍于老《ウロウ》の傀儡で、その于老が、挹婁から高句麗復活を計ろうと新羅北辺から侵入してきた東川王と戦い敗北している（「新羅本紀」二四五年一〇月条）ことから、反東川王側の于老の擁立した王であったと推定されるので、該当しない。そこで味鄒のことと理解されるが、上記のように味鄒は密友であるから、密友が「留まって」新羅王味鄒となったのである。そして、東川王を救うべく命懸けで戦ったあの竹嶺の戦いの「竹」の一字をもって、密友つまり味鄒の表象と「新羅本紀」はしているのである。

なお竹嶺の戦い等を「高句麗本紀」や「魏書」本紀は二四六年におき、魏の軍将を王頎としているが、「百済本紀」では二四六年の毌丘倹による高句麗討伐時の軍将は劉茂《リュウモ》であり、また『北史』高麗によると、二四五年に王頎が高句麗を攻めたとされている。この点については、『北史』はこの件に関して何の利害関係もなく客観的な立場にあり、また百済も、当時の古爾《コニ・ナムチ(古訓)》王は魏にも高句麗にも距離を置いた外交姿勢を貫いているから、『北史』や「百済本紀」の記述の方が信憑性に勝ると考えられるので、「魏書」本紀正始七（二四六）年条も実は二四五年の事変と解釈すれば、事実は、二四四年に玄菟《ゲント》を出発し、二四五年二月に丸都城を落とし、濊に逃げた東川王を追って三月に濊を破り、竹嶺を通って五月に沃沮の国境まで追撃したのが、二四四年から二四五年にかけての毌丘倹、王頎による高句麗第一次討伐であり、さらに二四六年八月から一〇月にかけて毌丘倹は第二次の討伐を行ったが、その時の主要な軍将は、王頎ではなく劉茂だったと理解されるべきであろう。高句麗としては二四五年、二四六年の二度も滅亡した屈辱的な事実を隠したかったのであり、また魏も、二度も続けて討伐しなければならなかった不手際に加えて、二度目は魏の内紛でもあった（後述）から、真実をあからさまに記すわけにはいかなかったがために、作為の誤記を繰り返す他なかったのである。

　さて本題に戻ろう。魏の討伐軍に追撃され、密友と妻子のみを連れて山地を逃げまどう東川王は、竹嶺での献身的な戦いについて密友に深く感謝し、食邑（根拠地）を与えたと記されているが、考えられないことである。丸裸の亡命途中の、国を失った王ができる謝礼は、娘を妻として与えること以外にない。この時東川王は、娘を密友に与えたと私は考えている。西川王は、この時の東川王の娘と密友との結婚によって生まれた子であろう。実父味鄒が金氏であるにもかかわらず、子に川の字が付けられている理由がここにある。母が東川王の娘であるから、若友は西川王と謚されているのである。また倭国の孝昭朝を倒した孝安を襲撃して殺した崇神大彦についても、味鄒の子で西川王＝孝昭の同母弟と、私は考えている。『古事記』が大彦の子とするタケヌナ川別《ワケ》に、味鄒を示すタケと高氏を示すヌナ川が符されていることが理由である。兄が王朝を簒奪されたのを、弟が報復奪回するために急拠来倭したのである。

それに関して付記すると、新羅王基臨も、上記の竹の葉を耳に飾った陰兵の話や、「新羅本紀」三〇〇年三月条に太白山（その西側が高句麗）を祀ったとある点からみて、おそらく西川王、大彦の同母弟であろう。そして基臨はもと伊西国王であったが、伊西＝イセ＝イサであり、セリはタミール語の都を意味する語だから、大彦と共に孝安を殺したイサセリヒコは「伊西国の王」ということになる。年代的にみて、彼は、もと伊西国王基臨の子と考えられるから、味鄒の孫とみなせる。また丹波道主が高奴子であり、西川王の子であることは後述するが、要するに彼も味鄒の孫である。とすると丹波道主、武ヌナ川別、イサセリヒコという崇神大彦の三軍将はすべて、味鄒の孫ということになるので、結局崇神勢力というのは、味鄒の子と孫だった

天橋立。古代の大国丹波＝東倭の中心かつ象徴の地

と推定されるのである（系譜[2]参照）。

さらにまた、味鄒の母が朴氏とされているが、そこから意外なことが判明する。「新羅本紀」では朴氏は始祖の姓で、彼が瓢《ヒサゴ》のような卵から生まれたのに因んで瓢の辰韓語の朴を姓としたとされている。卵は血統にない他国の人の意味だから、始祖は新羅人ではない。ところでもと倭人の瓠公《ココウ》も、腰に瓢をつけて海を渡ってきたが姓は不明だと記されている。しかし瓠公という名も瓢に因んでの名であり、他国の倭人であるから、実は始祖と同一人物なのではないか。実際「本紀」の始祖条では始祖は命じるだけで、統治、外交に専ら携わっているのは瓠公であることからみても、瓠公自身が王であったと考える方が合理的である。こうしたことから始祖赫居世《ヒョッコセ》は瓠公《ココウ》であったとみてよいと思われる。とすると瓠公の姓も朴氏ということになる。もと倭人である。では倭のどこの人か。その名「瓠」に関しては、丹後半島の付け根にある匏宮とも呼ばれる笑原神社（西舞鶴）が思い浮かぶ。匏は瓠であり瓢であるから、瓠公の実家はこの匏宮だった可能性が高い。丹後が独立するのは七一三年であるから、前五七年ころは丹後はまだ越《コシ》、後の丹波となる地域に埋没していただろう。従って越、丹波とみてよい。つまり瓠公の実家は倭の越、丹波にあったと推測される。この地方は、『古事記』のヌナ川ヒメの条が示すように、大己貴《オオナムチ》＝前一世紀半ころの大物主勢力が侵略してきた時に、和親こそあったが征服されることは一度もなかったので、この地の支配者であり続けたヌナ川によって表象される高氏が瓠公の本姓であったと推定できるだろう。瓠公《補注2》つまり始祖は、本姓高氏で、新羅名が朴氏だったのである。従ってその末裔の味鄒の母朴氏も、本姓は高氏ということになる。おそらく味鄒の母は越の丹波、つまり「東海」の王の娘だったのであろう。だから味鄒＝密友も母系では川で表象される高氏だったのである。

味鄒の母が本姓高氏の丹波の人であれば、彼女は実家丹波で味鄒を生んだ可能性が高い。味鄒は丹波、東海別名東倭の王の孫（外孫）として、丹波に生れ育ったと考えてよいだろう。「高句麗本紀」で密友は東部の人とされているが、その東部の意味がここで明らかとなった。東部とは、東海つまり丹波のことだったのである。「東部密友」とは、丹波の密友ということだったのだ。陥落した丸都城を逃れ、濊の地に到った東川王の許に、東海の人が訪れ美女を献上したことが「本紀」二四五年三月条にあるが、この東海の人というのは丹波王の孫密友であり、亡命途中の東川王の許に救援軍を率いて合流し、盟約の証しとして東海王の娘を献上したのである。竹嶺の戦いは、この直後のことであった。

6 神武の父を殺した者―動乱の遠因

1 神武とその父

これまで懿徳、孝昭は高句麗西川王の異名で、その実父は新羅味鄒王、倭王名は安寧、倭名は密友であることまで突き止めてきた。さらに一歩進んで、西川王の祖父を語る時が来たようである。そもそも若友が、西川王として即位さえしなければ、庬と孝安の怨みを一身に背負って逃げまどい、あげくに討伐されることもなかったのである。しかしそうはいかなかった。それには祖父の悲劇的な死が、深く関係している。

神武は綏靖であり、神武となる前に没したその父は、二四七年の卑弥呼の死に関わる男王で、しかも侵略者と思われることについてはすでに触れた。彼はなぜ卑弥呼を殺し、それにとってかわろうとしなければならなかったのか。国を失ったからである。綏靖とその父が高氏であることも上記のとおりである。二四七年ころ国を失った高氏の王といえば、魏によって討伐された高句麗東川王以外にない。神武の父は、高句麗東川王なのである。

『書紀』が神武の死を二四八年においているにもかかわらず、即位年を二六六年としているから、二四八年に死んだのは神武の父で、二六六年に神武として即位したのは子の綏靖だということもすでに述べた。「高句麗本紀」によれば、東川王も神武の父と同じ二四八年に没している。

では神武の父、東川王は、どの様な経緯で倭国に落ち延びてきたのだろうか。彼は、初めは魏に帰属し、司馬懿《イ》の公孫氏討伐の時には兵を送るなど親魏的であったが、第三代大武神以来大半の高句麗王が繰り返した遼東への侵出の野望を受け継ぎ、露わにした（二四二年）途端に中国東北部から遼東、朝鮮半島、倭国を支配する魏の幽州《ユウシュウ》刺史《シシ》毌丘倹《カンキュウケン》の討伐対象となり、二四五年と二四六年の二度にわたる高句麗討伐が敢行された。第一回目の事変については、上記のように高句麗は滅亡し、東川王は母の実家挹婁に亡命したが、態勢を立て直した彼は、五ケ月後の二四五年一〇月、高句麗の復活を目指して新羅北辺から半島に再突入（「新羅本紀」二四五年一〇月条のみが記載）し、破壊された旧都丸都城に代わる平壌城を築いて遷都したことが「高句麗本紀」に記されている。「本紀」は高句麗が二度も滅びた事実を隠すために、事変の年次や内容を改ざんしているので、注意深く解読しなければならないが、これは「魏書」も同じである。

第二次討伐について、少し詳しく見て行こう。「百済本紀」二四六年八月条には、毌丘倹が楽浪太守劉茂、帯方太守弓遵《キュウジュン》らと高句麗を討伐したと記されている。また「新羅本紀」二四六年一〇月条には、東南に白気が立ち王都に地震があったとあり、「高句麗本紀」二四七年二月条には平壌城を築き遷都したと記されている。これらを比較検討すると、楽浪、帯方郡にとっての東南は百済、馬韓やそれに近い南平壌あたりが該当するし、白気は人の死の表象で、地震はクーデターの表象だから、二四六年八月に毌丘倹と劉茂らが南平壌の高句麗東川王勢力を討ち、一〇月重要人物が死亡して、この事変は終ったという事実が得られる。

　この重要人物について、「魏書」東夷は弓遵と記している。

「呉林が、楽浪郡がもと韓を統治していたという理由で、辰韓八ケ国を分割して楽浪郡に編入しようとしたために、臣智が怒り、帯方太守弓遵と楽浪太守劉茂を攻め……弓遵が戦死した。」（景初年中条の後に続く条）

　しかし、これは腑に落ちない。元来韓は倭とともに帯方郡に属していた▼39はずだから、支配下の韓八ケ国が分割されて楽浪郡に編入されようとする時、怒るべきなのは領地を奪われる帯方太守であろう。従って、帯方太守弓遵と楽浪太守劉茂が共闘などするはずがないのである。二人は敵対し、戦ったというのが真実であろう。主導したのは毌丘倹だから、劉茂は毌丘倹と共に弓遵を攻めたのだ。帯方太守弓遵は、高句麗東川王と同盟して共に戦っていたために、倹側に攻め殺されたのである。あるいは弓遵は、東川王の野望に共鳴し、自らかつての公孫氏のような帯方王としての独立を夢みたのかもしれない。

また辰韓八ケ国の乱というのも、当の「新羅本紀」に記載がない点や、宋版「魏書」で「臣賁沾韓が忿《イカ》った」とされている点について、馬韓中に臣賁沽国が[40]あるので、辰韓ではなくて馬韓八国の乱だろうとする説もある。ある意味では妥当と思うが、乱を起したのは彼らではない。主因は高句麗東川王の復活であり、二四五年二月に一度滅びた高句麗を、東川王が一年も経たない内に復活させたために、魏の毌丘倹の第二次高句麗討伐がなされたのである。しかも魏の帯方太守弓遵と、彼に帰属する馬韓八国が東川王との同盟を選び、東川王を支援していた。二四六年八月の魏の毌丘倹、劉茂による高句麗討伐に際して、魏の弓遵は馬韓八国軍を率いて、東川王を救援すべく戦ったのである。

この戦場は、東川王がおそらく二四六年はじめに築き遷都した平壌城であったろう。また弓遵が馬韓諸国を率いている点から、この平壌城は南平壌にあったと思われる。

そして、二四六年一〇月、弓遵が戦死したことによって大勢は決した。平壌城は陥落し、再び高句麗は滅亡した。東川王は二度も国を失い、その上遼東と半島における唯一の後援者弓遵をも失った。再び半島に居場所をなくした流浪の身の東川王に、残された道は亡命しかなかったのである。しかし南平壌から母の実家掲婁は、あまりにも遠い。それに較べ倭国には、同盟している狗奴国や東倭がいた。竹嶺で戦った密友がこの東倭の軍将であった可能性が高いということは上記のとおりである。密友つまり後の味鄒は、この時から東川王の側を片時も離れず護り続けた。綏靖はその名が示唆するように東倭の出自を持つことについては後述するが、この東倭の美女を母として生まれた子と思われる。とすると密友は、綏靖の義兄弟であり、従兄でもあることになる。

（上）半島から倭国へのルート・沖ノ島
（下）宗像大社沖津宮社殿

強力な同盟者のいる倭国へ、東川王が亡命したのは、必然といえるだろう。東倭はまた、後に証明するが強大な海洋王国であったから、航海術に長けてもいた。しかも半島から倭には、一気に船で渡れる秘密のルートがあった。それは、釜山から沖ノ島経由で胸形《ムナカタ》半島あたりに上陸する一直線のコースで、半島と倭を結ぶ最速最短のコースといわれている。後に胸形氏が独占し、海の覇者として一大氏族にのし上ったのは周知のことである。おそらく二四六年一〇月に新都平壌城を失った敗残の東川王は、平壌に遷都したと強弁される二四七年二月に、南平壌あたりから半島内の川を利用して洛東江を下って釜山にたどり着き、そこからその最短コースで一気に海を渡り、胸形半島近くの奴国に上陸したと思われる。

2 于老焼殺の真実—イワレビコ暗殺

二四六年一〇月、唯一最大の半島での後援者弓遵を失った東川王の命運は尽き、二四七年二月ころ倭国に彼は転戦した。復活しかかった高句麗は、ここで再び滅びたのである。

にもかかわらず、「新羅本紀」は、二四八年二月に高句麗に送使し講和したと記している。高句麗はすでに滅亡しているから、この高句麗というのは、当然倭国に転戦し侵略を始めたもと高句麗東川王のことで、彼の許に新羅が送使、講和したということである。また一見不可解なこの条が、東川王の亡命と存命を証明するものともなっているのである。とはいえ何の因果か、東川王はその七ケ月後に急死している。怪しい、実に不気味だ。

ところで「新羅本紀」は、その翌二四九年四月に、新羅の大臣で大将軍の于老が倭人に殺されたと記している。ところが『三国史記』昔于老伝では、その死は二五三年におかれている。しかもその経緯を于老焼殺事変として詳述している。一体どちらの記事が正しいのか。またなぜくい違うのか。「于老伝」では、倭の使者葛那古《カツナコ》の前で于老が倭王と妃を侮辱したために、倭の将軍于道朱君《ウドウシュクン》が来襲し、柴を積んだ上に于老を置き焼き殺したと記されている。于道は味鄒の父仇道に通じ、朱君は新羅王の表象だから、于道朱君は、やがて新羅王となる味鄒のことと考えられる。味鄒＝密友が倭国から来襲し、于老を焼殺したというわけである。二五三年の「新羅本紀」条は、四月に龍が宮の東池に現われ、金城の南の臥柳《ガリュウ》がひとりでに立ち上ったというものだが、龍と臥柳は王朝簒奪者、東池は東海つまり東倭、倭国の越、丹波の表象だから、倭の越、丹波から簒奪者が現われたということである。簒奪者とは次王の味鄒であるから、やはり味鄒が来襲したことを暗示しているのである。

「新羅本紀」二五三年四月条は、「于老伝」二五三年の事変の前半つまり倭国からの軍将の来襲と同一内容だから、同じ事変の別表現と見てよい。よって于老焼殺事変は二五三年四月のことであったと推定される。

それをあえて二四九年四月におくのは、于老の死が、前年二四八年二月の新羅の送使に続く九月東川王の死に密接に関係することを暗示させるためである。二五三年以降「本紀」には政情不安、クーデター、倭国からの侵攻を暗示する条が続き、ついに沾解朝は二六一年一二月末に終わり、翌年味鄒が即位する。この政局の転換点が二五三年四月の倭人味鄒による于老焼殺事変なのである。于老を失った沾解朝は、急速に奈落の底へと転落して終っていることから分かるのは、沾解が単なる傀儡で于老が沾解朝のすべてを牛耳っていたということである。従って、二四八年二月倭国の東川王に送使し講和を申し入れたのは、于老であったとみることができる。そしてその直後に東川王が死に、「翌年」（実は五年後）倭国から味鄒が侵攻し、于老を焼殺した。これは因果だと、「本紀」二四九年四月条が示唆しているのである。この因果の流れから見えてくるのは、于老が使者を装った刺客を倭国に送り込み、講和と称して油断させながら、隙を狙って東川王を暗殺させたということである。あるいは于老自身が使者だった可能性もある。

味鄒は焼殺という苛烈な手段で于老に報復したが、その残酷さが味鄒の悲しみの深さと怒りの激しさを物語っていると私には思えるのである。

3 裏切りの子

密友の怒りの対象は、于老だけではなかった。東川王の死後、息子の中川王《チユウセン》が高句麗王として即位し、ここで高句麗は即座に復活を果したということになっているが、それはあまりにも不可解である。あれほど徹底的に東川王を攻撃した魏が、東川王の実子の即位と高句麗復活を易々と許すだろうか。魏の政界では軍将毌丘倹が、東川王を追放した功によって勢いづき、一時的に魏政権内の地位を高めたはずである。どうも釈然としない。中川王は魏に謝罪し、内通したのではないかという疑いが残り続ける。

中川王は、おそらく東川王と国相高優婁《コウユウロウ》の娘との間に生まれた（後述）と、私は考えているが、中川王の王妃は掾《エン》氏で、二四八年一〇月に立后している。掾氏とは掾那部《エンナ》の娘とみられるから、山上王の王妃于《ウ》氏（提と誤記されているが掾那部于《ウ》素の娘）一族と思われる。問題は二四八年一〇月である。前月の九月には東川王が倭国で死んでいる。その時東川王の妻子と高氏一族すべて、といってもすでに僅かとなっていたと思われるが、魏軍に追われて東川王に同行し、来倭していたはずである。高句麗に残留できる情況ではないからだ。そこで中川王も倭国に居て、父の死を目のあたりにしたはずである。すでに高氏の衰微没落は明らかで、しかもまだ失脚前の、高句麗討伐を成し遂げた英雄の毌丘倹が、幽州刺史として目を光らせていたころであるから、高氏単独での高句麗復活は不可能であっただろう。にもかかわらず、父の死後一ケ月もたたない内に高句麗に復帰し、即位している。ということは、中川王が、信じられない裏技を使ったとしか考えられない。二四八年二月から九月まで、于老の手先の新羅使者が来倭していたことと、東川王死の直後の二四八年一〇月、于氏一族らしい掾氏が立后している点から導き出されるのは、中川王が于老および高句麗于氏と同盟していたことであり、その後援があったからこそ即位できたということである。于老は于氏一族で、新羅沾解朝を牛耳るほどの大政治家かつ大将軍であったから、当時の于氏の長ともいってよい立場にあったと推測される。上記のように彼は親魏派であり、本来は反東川王の立場にあった。その人が、東川王の逃亡で高句麗王位が空位となっている局面を前に考えることは、高句麗王位の簒奪であろう。彼は中川王を利用することにして、その耳元でささやいたはずだ。「このまま東川王に従軍して、目処もたたない倭国の征服を続けるのですか。今や国中が反抗し、父君はすでに女王《トヨ》の影でしかありません。本来は大国高句麗の王となる資格を持つあなたが、倭国などにいるべきではない。高句麗の人々も、高氏の王の帰還を待望しています。あなたは高句麗王たるべき人だから、わが一族が後援いたしましょう。それにあたって障害となるのはあなたの父君東川王です。私が片をつけますから、あなたは目をつぶっていてください。」

中川王は、この老練な政治家の甘言に乗り、父を見捨てた。于老の手先の新羅使者は、易々と東川王を殺し終えたのである。父の死後中川王が早々に高句麗に帰り、于老と于氏一族に擁立されて高句麗王として即位していることが、その何よりの証拠である。中川王には不可解で冷酷な人間性の一面があることを、「高句麗本紀」二五一年条が伝えている。あろうことか、王妃に対立する妃を皮袋に入れ、海に捨てさせている。于老はそこにつけ込んだ。こうした事情は于老によって、逐一魏に報告されていたはずである。倭に逃げ込んだ東川王を暗殺し、親魏派の新王を擁立することについて、于老は魏の承認を得ていたから、中川王即位、高句麗復活に対して、魏は何の動きもみせなかったのである。

ところで私は、于老を高句麗山上王の子で本姓金氏、公姓于氏と推定している。昔《セキ・ソク》氏、奈《ナ》解《カイ》の子とするのは「列伝」だが、実は、奈解の母は阿達羅王妃と同名であるから、奈解は阿達羅の子で金氏と考えられる。「本紀」は于老を奈解の太子とするが、奈解一〇年に突然、化ける属性の狐として現われ、一四（二〇九）年に太子として加羅救援に出兵したのち姿を消し、奈解死後もなぜか即位せず、助賁《ジョフン》、沾解の大臣で終っている。狐は于老が奈解の子に化けた外来者であることの暗喩であろう。では誰の子か。奈解即位の一年後は黄巾の残党の乱の起った一九七年だが、その年高句麗では山上王が即位している。この時系列の連続性から、二人は連帯し、その乱に乗じて王となったとみてよいだろう。二人は兄弟ではないか。とすると山上王も阿達羅の子金氏である。山上王妃于氏は故国川《コクセン》の王妃でありながら、山上王を誘惑して王位につけている。彼女のこうした傲慢な振舞からみて、おそらく山上王は于氏に入り婿し、于氏を後ろ盾として即位したと思われる。すると山上王は阿達羅の子の本姓金氏だが公姓于氏であるから、于老の実父の可能性が高い。于老は于氏であろう。こうした理由で私は于老を山上王の子于氏とするのである。

二二七年に父山上王が東川王に滅ぼされた時、于老は伯父の新羅王奈解の許に亡命したと思われる。その奈解も三年後の二三〇年に助賁《ジョフン》によって殺されているが、その時「南の倉庫で蛇が三日間鳴き続けた」と記されている。おそらく奈解は、譲位を迫る助賁に対して、甥の于老の助命と臣下としての地位の保全を約束させた後に、譲位を承認し絶命したのであろう。

于老は山上王の子であるが、東川王も山上王の子とされている。しかし川と山の諡の字の違いと、東川王の別名東襄の「襄」が山上王には付けられていない点から、二人は父子ではないと考えられる。川と襄の字からみて東川王は、国襄という別名をもつ故国川の実子とみるのが妥当である。詳細は次項で述べるが、要するに東川王は、実父故国川から王位を奪った山上王に復讐して王位を奪い返したために、于老に討たれたのである。于老は父の仇敵の東川王を殺し、仇敵の子の中川王を利用して、実質的な高句麗の支配権を奪回した。

しかしそれもわずか五年間で終る。頼みの後援者于老が二五三年に殺されて、高句麗の政治情況は一変する。翌二五四年には上記のように味鄒一族の陰友が国相となり、続いて二五五年には、味鄒の子若友すなわち西川王が立太子する。味鄒の于老殺しが報復ののろしとなり、わずか二年で、父殺しを黙認した裏切り者中川王朝の中枢を掌握した後、後事を子の西川王に任せて、味鄒自身は、于老という柱を失い弱体化した新羅沾解朝を攻撃し、ついに二六一年末に沾解を殺害した。味鄒の即位は二六二年というが、「本紀」二六二年七月条に金城が焼けたというから、奪権闘争は続いていた。「高句麗本紀」同年同月条に狩をし、白獐《ノロ》（小型の鹿）を捕ったとあるから、金城を攻めたのは高句麗中川王だったようである。この戦いの後、二六二年一一月条に落雷つまり天罰、と地震つまりクーデターがあったと記された後「高句麗本紀」は八年間空白となり、中川王は所在不明となる。そして二七〇年その死の条が続くことからみて、中川王は二六二年七月に新羅の王都を攻めたが、味鄒に撃退され、高句麗に帰国したところを一一月に西川王によって誅殺されたと思われる。二七〇年死とあるのはその死が公表されたということにすぎない。

味鄒・西川王父子は共闘して、東川王を謀殺した于老を殺し、さらに父を裏切り于老に擁立されて高句麗王となった中川王を殺し、また同時に于老の傀儡にすぎなかった新羅沾解朝を倒して、復讐を完了したのである。子の西川王が高句麗王として立ち、父の味鄒は新羅王となった。

なお、二五九年に魏による高句麗討伐軍を迎え撃ち、大勝したことが、中川王条に記されているが、すでに味鄒の子西川王と一族の陰友が高句麗の実権を掌握していた時期であるから、魏に内通していた中川王と于氏一族が魏に救援を要請し、魏がそれに応じて討伐軍を送り込んだが、味鄒・西川王勢力に撃破、大敗させられたということであろう。

4　野豚と呼ばれた少年―父の素顔

系譜Ⓑ参照

神武の父東川王は、「東襄《ジョウ》」とも記されている。川と襄とで表象される王なのである。上記のように父は山上王とされるが、彼は川でも襄でもない。川と襄で表象される先王は故国川(一七九―一九七)、別名国襄ただ一人であるから、故国川こそ東川王の実父と捉えるべきであろう。また故国川と山上王は兄弟とされるが、当然同じ理由で否定してよいと思う。

一九七年五月に故国川は死んだが、子がなかったので王妃が山上王を誘惑し、王命と偽って群臣を騙して王位につけ、その王妃に収まったとされているが、上記のようにいかにも怪しげである。故国川の弟は、山上王を簒奪者だと非難したのに対して、群臣がみな山上王側についたので、遼東の公孫度《コウソンタク》の下に奔《ハシ》っているが、この王弟が山上王を簒奪者と呼んでいることこそ、真実の在り所を示しているようである。

故国川が死んだという一九七年条には、中国に大乱が起こり、乱を避けて高句麗に投降する漢人が多かったと記され、故国川が五月に死んだと続けられている。この一九七年条の中国の大乱というのは、黄巾《コウキン》の残党が山東半島あたりで起した乱のことであろう。故国川は黄巾の乱の年の一八四年に遼東太守公孫度と戦っているから、反後漢、反公孫度の親黄巾族派である。

当然公孫度は故国川高句麗を敵視していたであろうから、一般の中国人がその公孫度の厳しい監視の目をくぐり抜けて、高句麗まで亡命しようなどとは思わないはずだ。難を逃れるためなら遼東で十分である。にもかかわらず後漢の圏外の反後漢、反公孫度、親黄巾族の故国川の許へ亡命しようとした点から、漢人とされているのは一般人ではなく、敗れた黄巾の残党そのものであったとみるべきだろう。「魏書」東夷によると、一九七年、故国川は逃亡してきた胡族五〇〇余家を受け入れたが、その胡族も故国川に背いた。五〇〇余家とはかなり膨大な人数だが、この胡族は黄巾の残党であろう。先にみた立場から故国川は快よく彼らを受け入れた。ところがそれに背いたという。同書には、故国川が新たに国を作り、今の所在地がそれだと記されているから、胡族が故国川を追放したため、故国川は丸都城を築き遷都せざるをえなくなったのである。胡族が背いたというのは、王朝を簒奪したということである。王弟は山上王を簒奪者と呼んでいるから、山上王がその胡族のリーダーで、故国川の王都と王妃を奪ったのである。王妃の裏切りの動機は、腐敗した于氏一族が故国川によって粛清されたことを怨んでのことだったとみられるから、愚かな女とその一族于氏の逆恨みである。と同時に、于氏は、黄巾族の前身といえる太平道の創始者である巫覡《フゲキ》の于吉の一族ではないかと思われるので、黄巾の残党の山上王なら組しやすく扱いやすいと政治判断したのであろう。

上記で、山上王は新羅王奈解の兄弟で阿達羅の子だということを確認した。阿達羅は金首露系のニニギの子孫で、奴国王帥升の孫でもあるから、父系は金氏、母系は奴国王帥升つまり高句麗王遂成の血脈に連なる（上記）。従って山上王も母系に遂成の血脈をもつ金氏の胡族である。この遂成が臣下に殺され新大王伯固《ハクコ》が即位した時、遂成一族は当然にも殺戮を恐れて逃亡したが、新大王が大赦令を出した時、遂成の太子であった鄒安《スウアン》が自首してきたので、新大王は彼を殺すことなく、譲国君として冊封したと「高句麗本紀」一六六年条に記されている。譲は遂成の成＝ジョウに通じる。このジョウのルーツは、戦国時代の趙の趙襄子の襄であろう。また趙それ自体、漢音のチョウではなく呉音のジョウと読まれていた時代であるから、襄氏の名の由来も、国名の趙がルーツと思われる。譲国とは趙国のことである。なお漢音は隋唐時代の長安あたりの方言読みである（『大漢語林』）から、遂成時代は呉音で読むべきなのである。ここに趙の国が浮上してきた。遂成は、従って帥升も、戦国時代の趙襄子の末裔とみることができる。襄は趙襄子の末裔の表象であったのだ。ならば故国川＝国襄も、東川王＝東襄も、その子中川王＝中壌も、孫の西川王＝西壌も、皆趙襄子の後裔である。そもそも第三代高句麗王大武神が趙襄子と同じ無恤《ムシュチ》という名をもつところから、その後裔と考えられるので、詳しくは次の7で述べるが、結局、川と襄（壌）の付く高句麗王は全て、ルーツを趙襄子とする大武神の子孫たちなのである。なお故国川については、父は遂成の太子譲国君鄒安で、母が高福章（宮《ク》の忠臣）の娘と私は考えている。その根拠の一つは、故国川の別名国襄である。これは「譲国君」の引つくり返しだから、その名は故国川が譲国君の子であることの表象であろう。また遂成が殺され、一族が虐殺を恐れて逃亡した時に、自首してきた譲国君を助命した新大王の動きからみて、新大王は、遂成の子譲国君と遂成が誅殺した高福章の遺族との和解を計らい、生まれた子の故国川を養子として育てたと推測されるからである。

川は倭国王名中のヌナ川と同じ越の姫川の表象であることは前記した。その川の名「姫」とは何であろうか。褒が趙の表象であるなら、姫は周《シュウ》や燕《エン》の姫《キ》氏の表象と考えてよいだろう。春秋戦国の雄として栄えた千年王国燕が、秦によって滅ぼされたのは前二二二年[41]である。燕の亡命者は、趙、斉の亡命者と同じく朝鮮侯準《ジュン》の許に受け入れられ、西部の地で居住した後の前一九四年に、準が燕国人衛満《エイマン》によって海に放逐された[42]時、かなりの部分が準に従い北九州に移住したといわれている。衛満は燕国人だが王統ではないから、燕国王統姫氏が残留するはずはない。

シャープな姿形が翡翠の女王を彷彿とさせる土偶「縄文の女神」。(BC2000～3000年代か？　山形県立博物館提供)

燕国の姫氏一族は準にも従わず、姫川の名が示唆するように、越の姫川あたりに移動定着したと推測される。同じ姫姓の呉の遺民が、すでに前四七三年ころ越《エツ》に滅ぼされた後に倭の越《コシ》に移動していたこと[▼43]は周知のことであるし、燕国がまだ健在だったころから、越《コシ》在住の呉の亡命姫氏が再生の呪物翡翠をもって通交していた可能性は大きいから、前二二二年以降のある時、その呉の姫氏が定着していた越にむけて、燕国王統姫氏が迷いなく亡命してゆき、定着したと考えることは容易である。上記のように、燕国の姫氏は一度死に、新たに越の姫川で高氏として再生したと思われるが、高はミャオ語の金と犬を意味するKOがルーツであろう。高姓を選んだということは、彼らが犬戎であったことを教示している。高氏は犬戎、しかも金色の犬つまり盤古《バンコ》＝槃瓠を祖と崇めるトーテムクランだったのである。やがてその高氏に褒氏が合体し入り込んでくることについては、次項で述べよう。

　故国川は、王都国内《コクナイ》、尉那巌《イナゲン》城（中国吉林省集安県）を山上王に奪われ追われた後、丸都城を築き遷都して新たに国を建てた。ただし王都国内は一般に国内城とされているが、国内城を築くのは後の故国原王であり、三四二年のことである。故国川の時代は、国内という地名なのであって国内城ではない。国内＝尉那巌は後二年に第二代瑠璃《ルリ》王が、天地神に供える犠牲の豚が逃げたのを追って見つけた地であり、瑠璃は三年に国内に遷都し尉那巌城を築いたことが「本紀」に記されている。次の大武神もまたそこを都とし、故国川までは伝統的な王都であったが、故国川はそこを追われたので、より高地の俊厳な丸都山（龍崗山下《リュウコウサン》の板石鎮）に城を築き、王都とした。「本紀」によると一九八年のことである。

犠牲の豚が逃げ出す話は、山上王二〇八年条にも出てくる。王は酒桶村（不詳）まで豚を追った者が出会った美しくあでやかな娘の話を聞き、心魅かれて、ある夜娘の家に忍んで行くと、娘はもし子ができても見捨てないよう王に約束させ、受け入れた。二〇九年三月に王妃が聞きつけ嫉妬のあまり兵を派遣し、その娘を殺そうとしたが、娘は自分が王の子を孕んでいることを告げると兵は立ち去った。九月、男の子が生まれたので、王は喜び豚の取りもつ縁に因み郊《コウ》彘《テイ》（野豚）という幼名を与え、母を小妃とした。その年の一〇月、丸都城に遷都、二一三年一月郊彘が立太子した、と続く。

この王は山上王条に記されているので、山上王と考えられているが、先にみたように東川王が山上王の子であることを示す徴は皆無であり、川も襄も暗号のように故国川の子であることを告げている。従って先のエピソードの父王は故国川と解すべきなのである。また情話は政治の話の仮面である。だからこの情話の意味することは、豚が掲婁のトーテムであるから、故国川は後ろ盾を求めて掲婁の国王と同盟し、その証しとして王の娘を娶り、東川王が生まれたということである。王が娘の許へ忍んでいったというから入り婿したのではなかろうか。王妃が派兵したのは嫉妬のせいではなく、しかも王妃は山上王の脚色である。山上王に討伐されかかって逃亡した故国川が掲婁の武力を頼って同盟、入り婿したのを知って山上王が、掲婁にいた故国川を討つべく派兵したが果せず帰ってきたという事実があったのである。故国川はすでに掲婁に亡命していたから、丸都城は放棄されていたわけである。だから山上王は簡単にそこに遷都できた。二〇九年一〇月丸都城に遷都したのは山上王である。二一三年一月に掲婁の神の名を持つ東川王が立太子しているが、立太子は王に火急の事が起った場合なされるものだから、おそらく故国川は二一三年ころ死んだと思われる。

二一七年一〇月条には、雷と地震があり、孛星《ハイセイ》が東北方に出たとある。東川王九歳の時である。孛星で外敵、侵略者の侵入を、また東北方は高句麗東北方に位置する掲婁を示唆するから、この条は、掲婁軍が九歳の東川王を押し立てて侵攻してきたと語っているのである。二一九年条日食、二二〇年条 異鳥《アヤシイトリ》が宮の庭に集まったとあるあと、二二四年なぜか山上王の孫然弗《ゼンフツ》つまり東川王の子中川王の誕生を示し、二二七年五月山上王が死んだという。異鳥が宮に集まるのは易姓革命つまり簒奪者の出現と王統断絶の表象だから、山上王とは血脈のない、孫然弗で暗示される東川王一二歳が簒奪者として政界に登場したことをメタファーで示唆しているわけである。次に王の死の条が続くから、山上王は東川王に王位を簒奪されて死んだと理解してよい。中川王の誕生（二二四年）はまた、二一三年ころ東川王が婚姻により後援者を得たことを示唆している。おそらくそれは、二〇三年以来山上王の国相となっていた高優婁《コウユウロウ》であろう。それは東川王が、即位後彼を国相としている点から推測できる。高優婁は山上王を裏切り、東川王と同盟し、その即位に尽力したのである。

東川王は二〇九年生れだから、二四八年に四〇歳で死んだことになる。怒ることもなく、憐み深い王であったと記されているが、亡命の果て、実子に裏切られ、謀略によって殺害されたとは、あまりにもあわれである。なお丸都山城は補注3の松譲の故城であろう。

7 綏靖と大武神――襄氏サルマタイの系譜、そして、越、丹波

神武の父東川王が死んだ時、中川王と共に高句麗に戻った兄弟とは別に、倭国に残った兄弟の中で、綏靖は三歳前後であったから、父の残した倭国侵略を父に代わって主導したのは年長のタギシ耳であり、しばらくは狗奴国勢力と東倭勢力は共闘しながら、瀬戸内を東へと攻め上がっていった。『古事記』によると、岡田宮（福岡県遠賀郡芦屋）に一年、安芸（広島）七年、吉備（岡山）には八年滞在しているから、密友＝味鄒が高句麗中川王朝中枢に子の西川王を太子として送り込んだ二五五年に安芸を出発し、味鄒自身が新羅王となり王権を安定させて「東部をみた」と「本紀」がいう二六四年に味鄒の援護で吉備を出発して、大和征服に向かったこと

になる。東倭王一族とみられる（上記）味鄒が、神武の東遷に大きく貢献していたのである。

大和地方の征服は、『書紀』によると一年で終えているから、神武の東征は一七年を要したことになる。その征服が完了した直後に、タギシ耳を擁する狗奴国と綏靖を擁する東倭の権力闘争が起ったのも必然的といえる。上記のように征服の節目のすべてを味鄒が荷っていたからである。そしてやはり東倭が勝利し（二六五年）、二六六年に綏靖がようやく神武として即位した時、彼は二一歳ほどになっていた。即位は同時に強大な狗奴国を敵に回すこととなり、国力も半減したというのは、皮肉である。即位と同時に建国二年目の晋に送使朝貢したが、トヨを押し立てたにもかかわらず、倭国王として冊封されることはなかった。暗い不安な船出である。この点についてはすでに述べた。

しかしこの神武が本当に初代倭王なのだろうか。神武を初代倭王とするのは『紀記』などの倭国の資料であるが、中国資料では、五七年に後漢の光武帝に冊封された男王である。次に一〇七年に倭国王帥升の名があり、さらに二三九年の卑弥呼と二四〇年の東倭王と続いてから長い空白期間があった後、四一三年に倭王讃《サン》が登場する。讃の子孫は宋によって忠義であったとされ、以後讃の子孫が倭王の正系として容認されるようになる。

朝貢しなければ冊封されないし、朝貢しても無視されることもあるから、中国資料にない倭王がいても不思議ではないのだが、問題は五七年の男王である。後漢に下賜された「漢委奴国王」金印が、福岡県の志賀島で出土しているので、実在の確かな倭王である。しかも神武より二〇〇年以上前の王だから、彼こそが初代倭王なのではないか。彼は『紀記』では、どこにいったのか。『紀記』のクレバーさが発揮されるところであるが、実は妙な形で記されている。一つは綏靖の名とその別名の神武という名、もう一つは塩土老翁《シオツチノオジ》とサルタヒコである。

まず名の検証からいこう。誰でも気づくことだが、神武の名は高句麗第三代王大武神の倒立形である。ここに何かあると思うのが普通だろう。次に五七年の金印「漢委奴国王」や、『後漢書』東夷条文中の「倭奴国」という名称である。一般に委や倭は「ワ」と読まれているが、しかしそれは漢音である。上記で触れたが、漢音は隋唐時代の長安あたりの方言で、それ以前は呉音で読まれていたのだから「ワ」ではなく、「イ」である。また「倭奴国」と条文中にあるわけだから、金印中の委は倭の略字とみるべきだろう。従って「倭奴国」は「イナ国」、「漢委奴国王」は「漢のイナ国王」と読まれるべきなのである。そうすると真意が明確に浮かび上がってくる。イナ国のイナは、高句麗の尉那水《イナスイ》（塩難《エナ》水ともいう渾江《コンコウ》の古名）と、故国川の時まで王都が置かれていた尉那巌《イナゲン》ともいう国内の地と尉那巌城《イナゲンジョウ》を一気に蘇らせる。それは、第二代瑠璃王（在位前一九―一八）が築き、その息子といわれる大武神（同一八―四四）の王都でもあった。従って倭奴《イナ》国は、大武神に強く関係する国、いやそれどころか、大武神が倭に建てた国の端的な表象と捉えるべきではないか。

彼は後漢の楽浪郡を奪い（三七年）、七年間支配した後、光武帝《コウブテイ》に討伐され、四四年一〇月に死んだと「高句麗本紀」には記されているが、中国資料は彼の死について何も語らない。そこで彼は、死んだことにして亡命したと考えるのが妥当である。おそらく彼は、倭国の丹波に亡命した。その証明は容易である。

大武神の諡は大解朱留王であるが、広開土王碑では「大朱留王」とされ、解がない。解がないということは解氏ではないということで、さらに解氏を脱したことを示唆していると思われる。つまり脱解《ダッカイ》の暗示である。また朱は新羅を表象し、留は留まったということだから、この碑文中の諡は、「新羅に留まり脱解となった王」ということになる。大武神は新羅脱解王になったということがこの諡から分かるのである。

その脱解は、倭国の東北千里にある多婆那《タバナ》国で生まれたとするのは「新羅本紀」であるが、このタバナは丹波と解してよいだろう。脱解は、丹波生れの倭人だったのである。また脱解は大武神だから、大武神は倭人で、丹波が生地ということになる。そして、国を追われた王が逃げ込む先は、その生れ故郷であろうから、大武神は丹波に亡命したと推定されるのである。

なお「新羅本紀」中の「倭国」については、北九州の奴国とすると方位的にも距離的にも合致する。「本紀」は倭奴国を北九州の奴国と捉え、そこを倭国の王都とみているのである。大和なら、丹波は西北であるから、大和地方ではない。『後漢書』▼[44]東夷でも、倭奴国の使者がその国の在所について、倭国の極南界にあると言っている。つまり倭国は、倭国領域の最南端に位置するという意味だから、それは北九州にあったとみてよい。奴国の遺跡の下から早良《サワラ》国の遺跡が出土しているから、奴国は早良国を滅ぼして、その上に建国されたといわれている。▼45つまり倭奴国は北九州を制圧し、早良国の地に倭奴国を王都として建てたわけである。やはり大武神は、丹波に亡命後、北九州に倭国の王都として倭奴国を建国したのである。

それはおそらく魏時代には奴国と呼ばれるようになったと思われる。「魏書」の編者陳寿は、人伝てに聞き知った倭奴国を倭《イ》の奴国《ナコク》と誤解し、奴国と記したのであろう。その時から、大武神の倭奴国は奴国となってしまったと私は考えている。

大武神の王都尉那巌に酷似した名の倭奴国の王は、五七年に後漢に朝貢しているが、脱解も同じ五七年に後漢に朝貢している。

こうした点から、大武神は脱解になり、また倭奴国王にもなったと推定される。大武神は、高句麗王としてあった四四年に後漢に討たれた後、生まれ故郷の倭国の丹波に亡命し、やがて五七年ころ北九州を征服して倭奴国を建て、おそらくそこで徴収した兵力をもって新羅に渡り儒理《ジュリ》朝を倒し、脱解王として即位したのである。その時彼は六二歳になっていたと「新羅本紀」は記している。

しかしなぜ彼は、倭国征服に満足することなく、老体の身を押して、新羅を侵略しようとしたのだろうか。それは脱解＝大武神が儒理《ジュリ》の父次次雄《ジジュウ》に激しい怨みをもっていたからと思われる。発端は高句麗初代王朱蒙の死である。彼は『後漢書』などの中国資料では、一二年に王莽《オウモウ》の配下に殺され、その首は長安まで運ばれたとされているが、「高句麗本紀」には、前一九年に死んだと記されている。同年四月に、朱蒙が扶餘《フヨ》に置き去りにした子瑠璃が現われたので喜び太子としたが、九月に唐突に朱蒙が四〇歳で死んだと続くのである。しかしその条文の素っ気なさには、なぜか鳥肌の立つような違和感を憶える。しかも子が突然現われ、父が突然死ぬ。おそらく瑠璃は、母とともに捨てられたことを怨み、父の前に武力をもって現われ、譲位を迫ったと私は考えている。

朱蒙は敗れ、死んだことにして国を離れ、やがて新羅に転戦し、赫居世から王位を奪い南解王となったのではないか。その根拠は南解という王名である。南解とは南に行った解氏のことだろう。南解は赫居世の子とされているから朴氏のはずだが、解の字がついている。そして高句麗の南は新羅だから、南解は、朴氏赫居世の子ではなく朱蒙にこそふさわしい名である。そして確かに朱蒙の父は解慕漱で朱蒙は解氏だから、やはり南解は朱蒙とみてよいだろう。なお瑠璃王即位前紀にみえるその母の言葉―「お前の父は国に容れられず、南に行き国を建て王となっている。」の場合の南は高句麗のことで、朱蒙が扶餘から南下して高句麗を建てたことを言っているのだから、ここで議論中の「南下」の話とはまったく関係ないことである。

そもそも南解次次雄という名は不可解である。次々雄は一般に巫王を意味し、王の尊号とされているが、私はそうは思わない。それは文字通り次の次の王ということの表象であろう。王名が尊号に重ねられているのである。つまり南解次次雄は、南解王と次次雄王という二人の王がいたことを暗示する名なのである。南解は南に下った解氏朱蒙であり、次次雄は赫居世の次の次に即位した本来の始祖の子なのである。それは、「新羅本紀」に、朱蒙が本当に死んだ一二年と翌年の条が空白で、一四年条に倭人が来襲したと記されていることからも推測できる。南解王朱蒙が高句麗に戻り、暗殺されたから、王は不在のため空白となっているのであり、その死をうけて次次雄が一四年に即位したことを怒って、丹波から脱解＝大武神が侵略してきたのである。南解は生前脱解を愛し、自分の娘を彼の妻とし（八年）、大輔（国相）に任命している（一〇年）。それ故に南解＝朱蒙が暗殺された時、脱解は失脚し、新羅を追われ丹波に戻っていたはずだから、一四年の侵略は脱解によるものとみてよいだろう。脱解は怒りにうち震えていた。なぜなら瑠璃王が、おそらく王莽に内通し、朱蒙南解王に和解をもちかけて高句麗におびき寄せ、死にいたらしめたと思われるからである。和解という罠を仕掛けたのだ。それ以外に朱蒙が高句麗に戻るモメントはありえない。来襲されていることからすると、次次雄も一枚かんでいたはずだ。瑠璃王の密偵であった可能性もある。こうしたことを知った脱解が、来襲してきたのである。

しかしその時脱解は撃退され、思いを遂げることはできなかった。いやむしろ先になすべきことがあったというべきだろう。それは高句麗の瑠璃への報復である。脱解が無恤《ムシュチ》として高句麗朝廷に登場するのは九年だが、その前年には新羅で南解朱蒙の娘を娶り、翌年には朱蒙が彼に国政を任せている。ここで見えてくるのは、朱蒙が脱解と結び、いよいよ高句麗復帰にむけて動き出したということである。九年に瑠璃は太子を自害させていたから、それを好機とみて、朱蒙はまず脱解を高句麗に送り込んだ。脱解の母は、瑠璃が別離を悔み「黄鳥《コウチョウ》の歌」まで作ったと「本紀」にある瑠璃のもと愛妃だったから、脱解は造作なく受け入れられたと思われる。瑠璃の実子ではないから無恤と名乗った（後述）と思われるが、脱解はさっそく扶餘の使者と渡り合い、その存在を周知させたようである。一〇年に新羅の軍事と国政を脱解に任せたのは、朱蒙が新羅を離れる準備段階に入ったということである。おそらくこの動きを密偵がもたらした時、瑠璃は朱蒙が王位奪回に動き出したことを察知したであろう。恐怖に脅えた瑠璃は王莽に内通し、朱蒙を逆に高句麗におびき出して王莽配下が暗殺する手筈を整えたと思われる。「本紀」では、匈奴《キョウド》討伐に高句麗が反抗したため、王莽軍が高句麗を攻め朱蒙を殺したというが、納得できない。もし高句麗が王莽に逆らったというのなら、討伐されるべきなのは瑠璃王であろう。すでに三一年も前に退位した先王の朱蒙が討たれるはずがない。にもかかわらず朱蒙が討たれたのだから、瑠璃の裏切りと王莽への内通、さらにざん言があったことは明らかである。朱蒙暗殺の翌年条には、無恤が扶餘の侵攻を防ぎ、一四年に立太子し軍事と国政を一任されたというが、その年から四年間瑠璃は所在不明のまま突然一八年に死んだとあるから、無恤はすでに一四年に瑠璃を殺し、高句麗の実権を掌握していたと推定される。

「新羅本紀」では、一四年倭人来襲、一六年日食つまり王権失墜、一八年旱魃《カンバツ》、虫害つまり政情不安の記述が続き、「高句麗本紀」では王が周辺国を侵略させたとあるから、無恤は実質的な高句麗王として配下に旧瑠璃勢力の周辺国を討伐させつつ、自らは盛んに新羅次次雄討伐を続行したが倒すまでには到らず、とりあえず一八年に高句麗に戻り瑠璃の死を公表し、大武神として即位したのである。ここで脱解は朱蒙の一つの怨みをはらしたが、残るもう一つの怨みをはらすのにはさらに三九年を要した。その時次次雄はすでに亡く、子の儒理が後を継いでいたが、脱解は容赦せず朱蒙の遺恨をはらし終えた。彗星つまり外敵の侵入、西北からの大雨、大風で木が倒れる、つまり高句麗の侵攻によって王朝が倒れたこと等の、儒理の晩年の記述がその不穏な死を伝えている。

なお朱蒙が前一九年に国を棄《ス》て亡命した先は、母柳花の実家と私は考えている。柳花の父は河伯とされているが、それは要するに海洋大国の王の表象であろう。とすると越、丹波の王である。朱蒙は越、丹波つまり東海の王の許に亡命し、その援軍を得て新羅を攻め、南解王として即位したのではないかと推測される。

大武神が丹波生れであることは、「高句麗本紀」瑠璃王三（前一七）年一〇月条からも読み取ることができる。王妃が死に、瑠璃は禾姫《カキ》と雉姫《チキ》を娶ったが、高句麗人の禾姫に蔑まれた雉姫が怒って実家に戻り、二度と帰ってこなかったというものであるが、この条は大変重要である。雉は黒雉を特産とする倭国を思わせるし、高句麗人でないと蔑まれる雉姫を漢人としているが、漢人こそ貴種であるから、高句麗人に蔑まれることなどありえない。おそらく彼女は、もと中国から倭国に亡命定着した倭人一族の娘であったから、倭人ということで蔑まれたのであろう。

しかしこの話の真相は別にある。脱解は上記のように大武神その人で諱は無恤《ムシュチ》である。これは、憂いがないと辞書にはあるが、政治レベルの話だから、文字通り暖かい血が流れていないこと、つまり血脈にないと理解すべきであろう。大武神は瑠璃王の実子ではないという意味をもつ名なのである。この無恤という名は戦国時代の趙襄子の名でもあるから、襄子の子孫を表象していると考えられることについては上記した。大武神は解氏瑠璃の子ではなく、趙襄子の末裔であったのだ。

大武神は脱解でもあったが、脱解の父はガンダルバだと『三国遺事』[46]には記されている。ガンダルバは「音楽好き」[49]という意味のサンスクリット語ということだ[47][48]が、西方には、楽人で巫者のケンダルバがいたから、おそらく脱解の父は単なる音楽家ではなく、楽人の巫者だったと思われる。また高句麗では淫祀《インシ》が行われていたと『三国史記』雑志祭祀に記されている。そこで想起されるのは、周の始祖后稷《コウショク》の出自にまつわる話である。后稷は帝告《テイコク》の子とされているが、実は母姜嫄《キョウゲン》が大足つまり大人《オオヒト》の足跡を踏んで生まれたという。▼50▼51 つまり密通である。ゆえに生まれるとすぐ棄てられたので棄《キ》と名づけられた。周では農事にまつわる祭礼の時、楽人兼巫者が帝と天神を演じて踊りで農事のまね事をしたとされている。▼52▼53 また多産についても同じであるから淫祀となるのである。

周の祭儀と同じことが高句麗でも行われたというから、おそらく雉姫はガンダルバと祭儀で通じ、子をなしたのであろう。瑠璃は怒り、雉姫を面罵したので、雉姫は憤然として実家に戻り、二度と瑠璃の許には戻らなかったのだ。雉姫はガンダルバを伴って実家に帰り、生まれた子が脱解＝大武神であろうと推察される。大武神はガンダルバを父とし、雉姫を母として倭国で生まれたのである。脱解＝大武神は丹波生れ（上記）であるから、母雉姫の実家は丹波、つまり東海で、母の父は東海、丹波の国王高氏であったわけである。従って大武神が趙襄子と同じ名をもつのは、大武神の実父ガンダルバが趙襄子の末裔の巫者であったためということになる。しかし大武神の実父でおそらく高句麗を追われたと思われるガンダルバは、妻の実家である東海＝丹波王高氏に入り婿したはずである。そのため大武神は本姓襄氏でありながら、公称は高氏を姓としたと考えられる。大武神の生まれた前一六年ころはじめて、高氏は襄氏と連合合体し、襄氏を内包したのである。またそのころに、実父ガンダルバの名をルーツとして丹波国が成立したと思われる。タミール語のTōy《トーイ》は連合を意味するから、「東倭《トウイ》」は、高氏と襄氏の連合した東海＝丹波国の表象ではないだろうか。

ところで脱解も倭奴国王も大武神と同一人物とすれば、趙の襄氏のはずだが、脱解は昔氏を名乗っている。新羅に漂着した時に鵲《サク・ソク・アオサギ》が飛んでいたからとか、昔瓠公の家に住んでいたから等の一見幼稚な説明がなされているが、それらは鵲＝鵠《コク・クダイ・コウノトリ》＝白鳥で表象される鍛冶族▼54であることや、母系が朴氏＝高氏（丹波）であることの暗示にすぎない。「昔」という名の由来は、襄子の父趙箇子の別名趙籍のセキと考えられるので、やはり趙の襄氏であることを少々複雑な形で示唆しているのである。

「魏書」東夷辰韓条に、石で子供の頭をはさみ変形させる偏頭《ヘントウ》（人工頭蓋変形）の風習が出てくるが、これはサルマタイ特有の風習で、特に二世紀から四世紀にかけて大流行したといわれている。出土したサルマタイの頭蓋骨の八割が変形された偏頭であるそうだから▼55、新羅にはサルマタイの王統が侵入していたと考えてよいだろう。そのサルマタイの墓制は、墓の上に柴を積み火を放つものといわれている。それは騎馬遊牧民族的に変形されたゾロアスター教による風習と思われるが、于老は柴の上で焼殺されている点からみると、サルマタイだったのではなかろうか。上記で于老を本姓金氏山上王の子と推定したが、上は襄に通じるので山上王には金氏の他に襄氏の血脈もあったと考えられる。それについては、父阿達羅が、父は金氏だが母は奴国王帥升＝高句麗王遂成の娘であったことが思い出される。そもそも阿達羅に趙襄子、大武神の血脈があったのだから、孫の于老にも襄氏の血が流れていたわけである。そしてこの点から逆に、戦国時代の趙の襄（趙《ジョウ》）氏がサルマタイであったことが判明する。

　脱解も本姓は襄氏だからサルマタイであったとみられるが、一世紀の人なので、まだ偏頭の風習をもたなかったかもしれない。とはいえサカ・スキタイ人系のマサゲタイ族についてアケメネス朝ペルシアのビーソトゥーン碑文（前六世紀末）では尖帽《センボウ》のサカと刻まれているから、サカ・スキタイ人の間には尖ったそそり立つ頭が神の似姿として崇拝される観念と習俗があったとも考えられる。それはともかく、偏頭の風習は、脱解の孫の伐休《バッキュウ》あたりから広まったのではなかろうか。偏頭の頭蓋骨は日本でも福岡県田川市の轟尾《トドロオ》横穴墓群（六―七世紀）から出土しており、興味深い。

　ところで綏靖は実に奇妙な名である。その音スイゼイは、「倭面土国《イナコク》王帥升」や高句麗第七代王遂成のスイジョウに酷似している。倭風諡が「ヌナ川」を含むから高氏であることは上記したが、さらに漢風諡スイゼイは襄氏でもあることの証左であろう。それは当然だ。母は東海の美女であったから、丹波の襄氏を内包した高氏であり、父の東川王も川と襄の二つの名をもつ高氏かつ襄氏であったためである。

　川と襄の名を合わせもつ倭王の始祖は大武神であった。そのため初代倭王に大武神を表象する神武の名を与え、また神武であるにもかかわらず、その子と偽称される綏靖に大武神の子帥升と同じ名を割り振ったのである。二重映し、あるいは仮託といってもよい。

遂成は即位した時七六歳だったとされているから七一年生れである。倭奴国王でもあった脱解は八〇年に死んでいるところをみると、帥升は倭奴国王＝脱解＝大武神の子である可能性が高い。高句麗大武神王の子であるから、高句麗王となる資格を持つと自負する帥升は、後漢に、一時的に帰属し、高句麗内の実力者を切り崩し味方につけながら、倭の奴国、丹波等の武力をもって反後漢の大祖大王宮《ク》王朝を執擁に攻撃し、ついに高句麗王遂成となったのであるが、「魏書」東夷高句麗条が「堕《ダ》地で生まれた」とする宮《ク》も、実は大武神が「堕地」丹波に亡命した直後に生まれた子と考えられるので、遂成は当然異母兄の宮から弟である自分への譲位が速やかになされるべきだと思っていたのではなかろうか。

さて神武＝綏靖とその父東川王の始祖である大武神の名をもって、初代倭王綏靖に被せることによって、大武神の存在証明とした倭国資料であるが、それは名のみの存在であることに変わりはない。「ヌナ川」を諡アメノヌナカハラオキノマヒトに含む高氏天武の意向が『紀記』に貫かれていることは周知のことだが、高氏にとっては王暦のたどれる直接の祖東川王の子から大和王朝としての倭国王史を始めるために、大武神を名のみに留めたのであろう。そしてその実在は初代倭王の先導者塩土老翁とサルタヒコに仮託した。『書紀』ではニニギの天下りを待ち受けて案内するのがサルタヒコであり、ニニギの子山幸《ヤマサチ》や東征しようとする神武の助言者として塩土老翁が登場するが、要するに先に倭国に居た祖王という役柄である。

赤ら顔でガラスの眼と『書紀』神代第九段の第一書には記されているサルタヒコの容貌は、『周《シュウ》書』の突厥《トッケツ》可汗《カカン》木杵《ムカン》の、突厥人には珍しい、風変りな形姿[56]と同一であり、まさしく白人種を彷彿とさせるものである。因みに『資治通鑑』には、突厥は長大で赤髪、緑眼を良しとするとある[57]から、白人種の形質をもった子の出生が望まれたわけである。サルタヒコという名も「サルマタイ」に通じるが、サルマタイはサカ・スキタイ人と同じペルシア人種の騎馬遊牧民族で、パミール、フェルガナ人と人間的形質が同じとされている[58]から、白人種的な記述も間違いではない。

ところで大武神の故国丹波が、古代の海洋大国で、塩の産地であったことは、「高句麗本紀」閔《ビン》中王四（四七）年九月条から明らかである。東海の高朱利が鯨の目を献上したが、その目は夜光りを放ったとそこには記されているが、それは丹波が捕鯨も可能な航海技術に秀でた海洋大国であったこと、腐らせることなく鯨の目を献上できたのは保存料としての塩の生産ができる国であったこと、さらに鯨油は砂鉄作りに欠かせないものであったといわれているから、鉄の生産、鍛冶技術をもった鉄王国であったことを推定させるに足るものである。塩土老翁とは、この塩と鉄を産する海洋大国の東海つまり丹波の老人という意味である。老人というのは、脱解が年老いて倭国王となり、長命でもあったことのメタファーであろう。

なお五〇年前後に、出雲の広矛と銅鐸《ドウタク》をレガリアとする大己貴＝一世紀前後の大物主勢力が、荒神谷、加茂岩倉遺跡のレガリアの埋納にみられるように、「先端的かつ急激に」▼59 滅びているが、それは先に述べた大武神の丹波から北九州に及ぶ西征、侵略の結果であると私は考えている。四隅突出型墳丘墓《ヨスミトッシュツガタフンキュウボ》の墓制をもつ勢力に圧迫されたとみるむきもあるが、その墓制の出現は二世紀後半とされており、大己貴勢力の出雲での滅亡＝大和地方への逃亡の約一〇〇年後であるから、彼らが大己貴勢力を滅ぼしたとは考え難い。主犯は、大武神褒氏＝高氏勢力である。大武神の丹波から北九州に及ぶ西征の過程で大己貴の出雲は滅びたのである。なお大武神は立后後一年で死んだ瑠璃王妃の第三子とされているが、ありえない話である。

8 慕容廆の扶餘討伐こそ孝昭討伐のことである—動乱の口火

味鄒・西川王父子が神武の父東川王の遺恨をはらそうと、新羅于老と高句麗中川王の討伐に全力を注ぎ、ほぼ完遂し終えたと思われたころ、遼東には新たな勢力が抬頭してきていた。慕容氏と安氏である。安氏についてはすでに述べた。大月氏で、西方ではエフタルと呼ばれた慕容氏は『晋書』四夷によると、廆の曾祖父莫護跋《バクゴバツ》の時代に、かつての遼河下流域の本拠地から部族を率いて遼西に移動して魏に仕え、二三八年の魏の司馬懿による公孫氏討伐に加わり、軍功をあげて率義王に冊封され、錦州あたりに国を建てた。この時東川王も魏に援軍を送っていることは上記の通りである。廆の父渉《ショウ》の時代には遼東に進出する。この渉の死後、息子の廆は部族内の権力闘争に巻き込まれ、身を隠していたのを国人が探し出して、二八五年に単于《ゼンウ》としたという。廆は二六九年生れだから、一七歳の時である。廆は父の渉が遺恨を持っていた宇文《ウブン》氏を攻めようとして、晋に宇文氏討伐を願い出るが許されず、怒り狂って遼西を襲い荒らし回った。そのため魏の幽州諸軍に討伐されたが、周辺の侵略を止めず、二八六年に扶餘《フヨ》を攻めたので扶餘王は自殺し、一族は沃沮に逃れた。その後廆は二八九年に晋に帰属したということである▼60。

中川王朝末期の二六二年から王の没年の二七〇年の八年間「高句麗本紀」は空白であり、また二七〇年に西川王が即位した後も、二七三年まで政変が続いたことを「本紀」は暗示的に記している。上記のように中川王は二五五年に政権中枢を西川王勢力に握られ、息絶え絶えのまま、二六二年には殺害されている。にもかかわらずその後八年間も西川王が即位できなかったということは、中川王の死後、さらに別の新たな勢力との奪権闘争が続いたということを暗示している。その新勢力との闘いに一応勝利してようやく即位にこぎつけたが、即位後も政変続きだったのは、その敵対勢力が衰えず攻勢を強めたためであろう。その結果、西川王は父の生家丹波に逃亡した。それを匂わせるのが二七六年四月条である。新城に行き、狩をして白鹿を捕り、八月に帰った、というものである。ここで新城とあるが、高句麗の新城は三三五年に故国原王によって築かれているから、二七六年時点ではまだ存在しない。二八八年にも新城に行ったという条があり、そこでは海谷太守が鯨の目を献じたと記されているが、この「鯨の目」からみて、上記閔中王条の東海つまり丹波の新城であることがわかる。また二度も丹波に逃亡していることは、よほど反乱勢力が強力であったことを示している。

二七六年条は、四月に丹波に行き、戦って白鹿を捕り八月帰国したというから、勝利して帰国したということである。西川王が丹波に行ったのは、即位時から攻撃の手を緩めない反乱勢力の攻撃に耐えかねたためであろう。激しく攻められ、たまらず高句麗から丹波に逃亡したのを、その反乱勢力が追撃してきたが、迎え撃って何とか勝利したので、高句麗に帰国することができた、というわけである。この反乱勢力は、すでに西川王が即位する八年前から、王位をめぐり西川王と戦っていた。高句麗王位をめぐり、西川王に立ち向かえる実力者は誰だろうか。それは、二八〇年条にみえる王弟の、「勇敢で智略もある」とされ、粛慎を討伐した功により安国君と冊封された達賈《タッコ》以外にない。達賈が西川王の死の直後に烽上《ホウジョウ》王によって殺された時、人々は、これからは誰に頼ればよいのかと嘆き悲しんだとされている。「誰に頼れば」の文言で明らかとなるのは、ただの嘆きではなく王の死に対する嘆きだということである。西川王の死後に王となったのがこの達賈であったために、烽上王は、王となるべく達賈を殺したのである。「本紀」は、達賈安国君が王であったことを隠している。

この達賈が安国君として冊封されているのは、その出自が安国つまり安息国パルティア、あるいはその王統アルサケスの正系を堅持していたアルメニアの安氏であったためであろう。二二四年に滅びたパルティアの生き残りの精鋭が、彼に従っていたであろうことは想像に難くない。パルティアン・ショットと呼ばれる軽騎兵戦術と、サルマタイで有名な長槍重装騎馬戦術をも合わせ持っていたその軍事力は、圧倒的であったと思われるが、達賈はその安氏だったのである。おそらく彼は、味鄒と安氏の娘、孝安の姉（スーレーンの娘）との間に生まれた子と私は考えている。味鄒は沾解朝を倒す時、慕容氏と合流した安氏の武力を援軍にするため、彼らと同盟したと思われる。同盟があれば婚姻は必ずある。西川王は、王弟の安氏母系の達賈の執擁な攻勢にいたたまれず丹波に逃亡したが、追撃してきた達賈軍を破り、何とか帰国することができた。

しかしただ破っただけならば、後の廆による狂ったような攻撃はなかったであろう。おそらく達賈は、当時単于となっていた廆の父渉と共に戦っていたはずである。上記のように、渉はスーレーンその人で、廆と孝安兄弟の父であったから、孝安の姉の子とみられる達賈の祖父にあたる。従って渉は、総力を挙げて達賈を高句麗王とすべく、西川王との戦いを展開していただろう。そして渉は、西川王を追撃した二七六年四月に戦死したと思われる。なぜなら西川王はその時白鹿を捕り、帰国したとあるからである。白鹿を捕ったというのが、白人種の慕容渉を殺したことを暗示しているのである。

二七六年当時、廆は八歳であった。幼くして父を失った廆の心に、西川王への憎しみが宿ったのも当然であろう。先にみたように廆が若くして単于になり、まずはじめにしたことが晋の武帝への、父の遺恨をはらすための宇文氏討伐の認可の請願であった。しかしここには隠された文言があったと私は考えている。それは宇文氏の後に入るべき「西川王」である。宇文氏は、慕容氏の支配域の西に隣接して展開していた鮮卑《センピ》一族であるため、二族間には当時争いが絶えなかったであろうが、そのようなことは武将間の日常茶飯事で、遺恨などという大げさなことではないだろう。実際宇文氏が渉を殺したとする資料はない。そこで考えられるのは、宇文氏も丹波の戦いに参戦していたのではないかということである。宇文氏は慕容渉を、高句麗と同盟して東西から挟撃し、滅亡させようとしていたのではないか。宇文氏は西川王と同盟していたから、達賈と渉に追われて丹波に逃げた西川王を救援した。しかもその戦いの最中に渉を殺したのではないか。廆のいう父の遺恨とは、そのことであろう。

宇文氏討伐を拒否されて怒り狂った廆は、幽州諸軍に討たれてもものともせず周辺を侵略し回り、二八六年扶餘を討ち、扶餘王は自殺し、一族は沃沮《ヨクソ》に逃げたとされているから、いかにも扶餘を討ったと受け取られがちであるが、誤解である。扶餘は大武神の頃に帯解《テソ》王が出て、最強の時代を築いた後は衰微の一途をたどり、二八六年頃には王統の存続も危ぶまれる状態であったから、そのような扶餘を廆が相手にするはずはない。しかも廆を突き動かしていたのは父の遺恨である。高句麗と百済は扶餘から出ている。そして高句麗西川王は廆の父渉を殺したとみられる。従って廆が討伐した扶餘というのは高句麗であり、また自殺した扶餘王というのは、丹波に亡命した西川王と推定される。高句麗を捨て死んだことにして丹波に亡命したことを、王の自殺と記しているのである。廆の扶餘討伐とは高句麗西川王討伐だったのだ。

二八六年二月高句麗では、王弟逸友らの謀反が発覚し、西川王は国相職を餌に誘い出された逸友らを力士《リキシ》に殺させている。この年一八歳の廆は、前年に単于となり晋に反抗して遼西から半島にかけての侵略に邁進していた。手始めは二八四年の新羅味鄒朝の簒奪である。儒礼が即位しているが母の口に星の光が入って生まれた子とされているから、明らかに侵略してきた簒奪王である。そして即位と同時に慕容氏勢力とみられる百済古爾王と講和しているから、慕容氏か安氏の王と思われるが、いずれにしても廆の後援による即位であろう。二八四年頃まで廆は単于の座を狙う親族に追われて身を隠していたというが、実際は半島の新羅、百済、高句麗間を密かに動き回り、父の仇敵西川王とその父味鄒を倒すべく策動していたものと思われる。

味鄒は即位二年後から慕容氏系とみられる百済に攻められ続け、二七八年四月条では暴風が吹き木が倒れたとあるから、すでにその時味鄒朝は死に体であったことがわかる。上記のように味鄒は沾解朝を倒すために安氏と同盟し、その武力を利用したが、そのことで国内に安氏勢力を引き入れることになってしまったと思われる。新羅内で安氏勢力は次第に強勢化していたであろう。二七八年は、西川王が達賈と渉に追われて丹波に逃げ、そこで渉を殺したあの二七六年の二年後であるから、父を殺された庬一〇歳が百済軍を率いて西川王の父味鄒を襲撃したと考えられる。おそらく味鄒も二七六年に西川王救援のため丹波に出陣した。そのため庬と彼に呼応する国内の安氏に報復されたのであろう。その後も百済の侵攻は続き、二八四年に味鄒は死んだと記された時、新羅で死んだことにして倭国に移動し、同年安寧として即位したことについては上記した。安寧の安は曲者だと以前から思っていたが、寧は「ねんごろ」の意味もあるので、安氏にねんごろ、つまり安氏と婚姻したと解されるから、味鄒が安氏と同盟しスーレーンの娘（孝安の姉）を娶った事実をその名安寧に含ませているのであろう。

「百済本紀」には、二八六年に高句麗が帯方郡に侵入してきた時、責稽《セッケイ》王が帯方王娘を娶っていたため帯方を救援したので高句麗は怨んだという記述がある。二八六年の高句麗による帯方侵略は、先の同年二月の王弟の謀反発覚と関係するものであろう。おそらく帯方太守がその王弟と同盟し、西川王へのクーデターに呼応して高句麗を攻める密約が取り交わされていたのが発覚し、西川王が王弟らを殺すと同時に帯方郡討伐に出兵した。そこで帯方と同盟の契りを交わしていた百済も帯方郡救援のため出兵したということであろう。王弟の謀反計画も、帯方と百済の同盟もすべて、西川王を倒し達賈を擁立しようとする廆の策動であったとみられる。廆の怒濤のような攻撃によって、ついに西川王は再び丹波に亡命した。二八八年条がそれを語っている。四月王は新城に行くと海谷太守が鯨の目を献上した。その目は夜に光を放った。例の海洋大国で塩と鉄の生産国丹波を暗示する条である。海谷太守は、烽上王の二九三年八月と二九六年八月条に登場する新城の主高奴子のことと思われるが、八月東方で狩をし白鹿を捕ったが九月に地震があり、一一月に「新城から帰った」と記されてから四年間の所在不明後、二九二年に王の死が告げられる。東方は丹波、狩は戦い、地震はクーデターの表象である。この条を、廆が新城まで追撃してきたという二九三年条と合わせて考えると、二八八年八月に丹波まで西川王を追撃してきた廆軍に対して、高奴子軍が西川王を救援して戦い、一度は廆軍を破ったが、翌九月に再度廆が西川王を攻撃したということになる。

問題は一一月帰国条である。妙なことに場所が記されていない。この点に着目すれば、そこから西川王が帰国したわけではないということが見えてくる。つまり二八八年に丹波に逃げた西川王は、高奴子の救援によって廆の追撃から逃れたかに思われたのもつかの間、翌九月廆の大攻勢によって敗北し、切羽詰まって丹波で死んだことにして、廆を安堵させたのである。もしそうでなければ、廆はどこまでも追撃したはずであり、西川王が高句麗に逃れたとすれば、当然にも廆が高句麗まで追撃したという条もあるはずであるが、それはないということが、その根拠である。一一月に新城から帰ったのは、勝利と思い込んだ廆軍であった。

では廆を騙し、やりすごした西川王はその後どうしたか。当然高句麗には戻れない。そこで大和の父味鄒つまり安寧の許に逃がれたのである。『書紀』安寧一一年一月条では懿徳が立太子しているが、月干支が一一月であれば二八九年に該当する。懿徳はすでに述べたように味鄒の子西川王が名を変えた王であるから、二八八年九月に廆に丹波で敗れた西川王は、死んだふりをして船で丹波の円山川《マルヤマ》を遡り、一一月に大和の父の許に逃げ込んだのである。これが「一一月帰国」のもう一つの意味である。西川王を受け入れた父味鄒＝安寧は、翌二八九年に彼を立太子させた。懿徳の即位年は二九二年だから、立太子の二年後に父味鄒が死に高句麗西川王は倭王懿徳として即位した。そこで「高句麗本紀」は、二九二年西川王死としたのである。二八八年から二九二年までの四年間が空白なのは、西川王が倭国の大和地方にいたためである。

謀られて真相を知らない廆は高句麗に戻り、翌二八九年早々に達賈を擁立したと私は考えているが、「本紀」は西川王の次に、二九二年烽上王が即位したとしている。しかし二九二年烽上王は達賈を殺して即位しているのであるから、王位にあった達賈安国君を殺し、王位を奪って即位したとみるのが妥当である。つまり西川王朝の後に、安氏達賈王朝が成立していたのである。在位は二八九年から二九二年であるが、なぜか「本紀」はそれを隠している。金氏の父と安氏の母の間に生まれた安国君が、慕容廆によって擁立された事実を、高氏としてはどうしても認めたくなかったということであろうか。

　叔父の達賈を殺して即位した烽上王を、慕容廆が許すはずはなかった。即位翌年の二九三年、廆は高句麗を襲撃した。たまりかねた烽上王は丹波に逃げたが、廆は軍を率いて追撃してきた。鵠林《コクリン》で烽上王を助けたのが高奴子であった。廆軍を撃退した軍功によって、高奴子は食邑《ショクユウ》（根拠地）を与えられた。「本紀」はこの様に記している。鵠林はホムツワケが育った鵠《コウノトリ》の棲息する地のことで、渡りをしない鵠の棲息する丹波の養父《ヤブ》あたりと思われるが、鵠、鵲《アオサギ》は白鳥《シロイトリ》とされるので鵠林はまた、昔氏脱解＝大武神の根拠地をも示唆する。丹波、東海の高氏の根拠地といってもよい。そこに高奴子が現われたのは当然だが、養父は円山川沿いにあり、川をさらに遡れば近畿、大和に直行できる。そこで烽上王は、父の西川王＝懿徳の許へ逃げ込もうとしたわけだが、それが最悪の事態を招いた。この時、廆には疑念が生じたはずである。殺したと思った憎むべき父の仇西川王が、倭王として大和に存命しているのではないか。

　懿徳の没年は二九四年であるが、これは示唆的である。前年に烽上王を追って廆が来襲し、鵠林までできたことを知った懿徳は驚愕しただろう。生きていることが廆に知られてしまった。怯えた彼は再び死ぬことにした。彼にできることはこれ以外に考えられない。といっても本当に自殺したのではなく、懿徳の死を公表したのである。懿徳の死は、やがて廆の耳にも入っただろう。半信半疑の時がしばらく続いた後、倭国で孝昭が即位した。『書紀』月干支は二九六年一月を示している。孝昭即位の報がもたらされた時、廆は思っただろう。「この男は誰だ。もしや西川王が再び名を変えて出てきたか。」あの三年前の烽上王の怪しげな逃亡のことが廆の脳裏に浮んだはずである。二度も西川王に欺かれた廆は、西川王の死体を確かめるべく即座に高句麗に侵入（八月）し、西川王の墓をあばいた。その時墓から音楽が流れる等の怪異現象が起ったので皆逃げたとあるが、死体の無いことを誤魔化すために烽上王が仕組んだ芝居であろう。その時廆は、西川王が生きていることを確信した。弟の孝安を率いて電光石火のごとく倭国に侵攻し、第一章で述べたように何くわぬ顔で孝昭となっていた西川王を殺害し、父の遺恨をはらし終えたのであった。孝安を新たに倭王として立て、前皇后のトヨを立后させて孝安朝が船出したと思われた途端に、西川王の弟と思われる大彦崇神勢が報復と王朝奪回のために侵入し、翌九月、孝安は殺されてしまう。しかし安氏王朝は倒れなかった。孝安の遺児孝霊を押し立てた廆の率いる安氏と慕容氏の軍勢が死にもの狂いで抗戦し、ついに大彦崇神側は敗北した。こうしたことについては上記の通りである。

ところで二八六年に、晋に反抗して討伐されたにもかかわらず、その後東アジアの東端部で欲しいままに侵略を続けた慕容廆を、晋が誅伐することがなかったというのは不可解であるが、おそらく廆は西川王に騙されて、二八八年時点で父の怨みをはらしたと思い込み、また新羅、百済、高句麗を支配下に置くことに成功して、二八九年に晋に帰属している。しかし私はこの帰属には、廆と晋の間で裏取引きがあったと考えている。廆の傑出した人格や優れた武力を欲した晋に対して廆は、中原には進出しない代わりに、遼西、遼東、半島、倭国の征服を黙認するよう密約を求めたと思うのである。廆が晋に帰属さえすれば、廆の征服する地は労なくして晋のものとなり、加えて廆の持つ武力をも入手できるわけであるから、晋にとって一石二鳥であろう。簡単に交渉は成立し、廆は晋に帰属した。ここで廆は晋の黙認の下で、遼西から倭国までを自由に、思うままに侵略する手形を得たのである。劉氏漢等の五胡のほとんどが中原への侵出を狙うなか、ただ慕容氏のみが東方への侵略の動きしかみせなかったのは、こうした経緯があったことによると私は考えている。

ともかく、慕容廆が父の遺恨を晴らし終えた時、欠史八代王朝前期はその幕を閉じたのである。

第三章

欠史八代

1 実像と在位期間

まず、結論を記そう。

王名、在位年、ⓐ実名 ⓑ姓 ⓒ出自 ⓓ父母 ⓔ他
綏靖《スイゼイ》　二六六―二八四
　ⓐスイジョウ
　ⓑ高氏
　ⓒ高句麗人（平壌城生れ）、倭人（奴国生れ）の可能性もある
　ⓓ父―高句麗東川王
　　母―東倭・丹波王女（「東海の美女」）高氏

安寧　二八四―二九一
　ⓐ密友、もと新羅王味鄒
　ⓑ本姓金氏、公称高氏

ⓒ倭人（丹波生れ）
ⓓ父―任那王統金氏仇道、東川王（義父）
　母―「朴氏」＝東倭・丹波王女高氏

懿徳　二九二―二九四
ⓐ若友、薬盧《ロ》　もと高句麗西川王
ⓑ本姓金氏、公称高氏
ⓓ父―新羅王味鄒（倭人密友）
　母―東川王の娘

孝昭　二九六（一月―八月）
ⓐもと懿徳＝西川王
　同右

孝安　二九六（八月―九月）
ⓑ本姓安氏　公称慕容氏

ⓒ遼東生れ（遼西の可能性もある）
ⓓ父―アルメニアのアルサケス王統アナグの次男スーレーン＝慕容渉
母―慕容渉の妹、慕容氏

孝霊　二九六（一〇月）―三七〇
ⓑ本姓安氏、公称慕容氏
ⓒ遼東生れ
ⓓ父―孝安
母―慕容氏
ⓔ新羅王奈勿（倭人）の父

孝元　三七一―四〇一
ⓑ本姓安氏　公称金氏（＝慕容氏）
ⓒ新羅人（新羅生れ）
ⓓ父―新羅王奈勿（倭人）
ⓔ広開土王（仁徳）の父

開化　四〇二―四六一
ⓐ別名円大臣
ⓑ本姓安氏　公称慕容氏
ⓒ倭人（母の実家大和葛城生れ）か。
ⓓ父―広開土王（仁徳）（倭人）
　母―葛城襲津彦の娘（三八四年ころ婚姻成立と推定）

2 孝霊―前燕とともに生きた倭王

綏靖から孝安までについては、すでに第一、二章で考察した通りであるから、ここでは孝霊から説明を加えたい。

動乱の二九六年、高句麗西川王、倭王名孝昭誅伐のため、慕容廆、父孝安とともに倭国に渡ってきた孝霊の前で、一度は勝利して倭王位についた父孝安が、わずか一ケ月後に戦死した。その時孝霊は、まだ一〇歳未満の少年であったと思われる。幼い孝霊を護り、攻め寄せる崇神大彦軍と一歩も引かず戦った廆は勝利し、講和後大彦らを他所に退かせて、孝霊を大和の慕容氏系安氏王朝第二代王として擁立した。その後廆は、風雲急を告げる半島情勢に対応するために遼東に戻った。予想されたことではあるが、廆に父西川王を殺された高句麗烽上王と軍将高奴子兄弟（後述）が、激しい報復戦に打って出たのである。

二九六年の倭国戦で敗れ、表向きは廆と講和した高奴子は、翌二九七年に味鄒の子と思われる伊西国王こと後の基臨と共に、新羅の慕容氏系儒礼王朝を襲撃し、ついに二九八年二月「京《ケイ》都《ト》に濃霧（反乱の隠喩）」とある時に、儒礼を殺して基臨を擁立することに成功した（一二月）。さらに間を置かず、九月には劉曜《リュウヨウ》と共に百済に侵攻し、慕容氏系の責稽王を殺害したが、百済では高氏系の王朝を立てることは出来なかった。

その原因は劉曜である。劉曜は若いころ、朝鮮令崔岳に拾われたという（「載記」）が、いつの頃か高句麗に侵入し[補注3]、高句麗の軍将になっていたことは、高奴子が彼を率いていたことから明らかである。これを「百済本紀」は「漢が貊《バク》人とともに侵入してきた」と表現している。「漢」はのちに五胡一六国時代の第三代漢王となる劉曜を表象し、「貊人」は高句麗の軍将高奴子を示していると思われる。その劉曜が、百済責稽王を殺すとすぐに高奴子に叛き、倭国の筑紫に南下した。北九州を征服して王朝を立てることに成功した曜は、後事を一族の伊都都彦《イトトヒコ》に任せ、その地で徴収した兵を率いて大陸に渡り、漢の劉淵《リュウエン》の配下となった。彼は高句麗の軍将で終わるつもりなどさらさらなかったのである。まさに西晋が弱体化し、五胡が抬頭する波乱の時代に、中原の覇者となる野望を胸に抱いた劉曜に必要なものは、独自の兵力であった。倭国に渡ったのもその兵力を調達するためである。彼は漢王となった時、国号を趙に変更している点から、戦国時代の趙の末裔と思われるが、趙が前二二八年に秦に敗れた後、趙の遺民が準とともに北九州に移動していたことは上記した。その後その地には趙襄子の後裔とみられる大武神が倭奴国を建て、帥升、阿達羅の代までは倭国を強力に支配していたから、趙の後裔が多数定着していたことは明白である。北九州は、同族の劉曜が建国するのに最適な地だったのであり、彼に未来を託す趙の後裔の人々も数多かったであろう。従って非常に徴兵し易い土地だったわけである。劉曜は、高奴子と共に百済を討伐せよと烽上王が命じた時、チャンス到来とみて、百済討伐もそこそこに一気に倭国まで南下し、国を建て兵を集めて漢の初代劉淵の下に馳せ参じたのである。これは高句麗にとっては大きな裏切りであった。「高句麗本紀」によると三〇〇年に烽上王が家臣によって廃位され、自殺しているが、それは彼が、劉曜のこの裏切りによる外征失敗の責任を取らされたということである。

責任を追及されたのは、烽上王だけではなかったはずである。軍将高奴子もその後二度と「高句麗本紀」に登場しないから、烽上王に連座し、敗戦の責任を問われて失脚したと思われるが、死んだとは記されていない。一体彼はどうなったのだろうか。鍵は「載記」にみえる「孤独で貧しい」陳元達《チンゲンタツ》である。のちに元達は漢の劉淵の配下となっているが、本姓は高氏とされている。陳はドラヴィダ・カンナダ語の金を意味するcinna《チンナ》が語源とみられるから、金氏とみてよい。西川王も本姓金氏であったから、その一族であろう。「元」は元来ということと同時に劉淵の名元海《ゲンカイ》の元であるから、劉淵の配下となった人を表象する。「達」が脱解＝大武神の父含達婆《ガンダルバ》の達であるから、丹波の表象と思われる。従ってその名は「劉淵の配下となった、もと丹波の金氏で、西川王に連なる人」ということになる。そして高氏だというから、高奴子以外にないだろう。西川王の子烽上王が高奴子に大兄位を与えているが、その大兄は官位名と同時に、本当の兄であったことをも示唆していると思われる。高奴子は西川王の子で烽上王の兄であったから、烽上王をどこまでも武力で支え続けたのであろう。その高奴子が、高句麗を追われ、陳元達と名を変えたのである。「載記」では、陳元達は四〇歳まで誰にも会わず、晴耕雨読の貧しい暮しをしていたとされているが、これはまさに国を追われ隠棲していた三〇〇年頃の高奴子の姿そのものであろう。彼は劉淵には重用されたが、三一〇年に劉淵が死に、劉《リュウ》聡《ソウ》の時代になると立場は一変し、劉聡の堕落ぶりを諌《イサ》めて無視され、三一六年に自殺して果てている。なお余談であるが、この悲劇の人陳元達＝高奴子に擁立された新羅王基臨は、当然劉淵に帰属したはずだが、劉淵の没年と同じ三一〇年に死んでいる点からみて、後援者劉淵を失った基臨の苦境を好機と捉え、当時は石勒《セキロク》、美川王に組していた訖解《キッカイ》が、直ちに基臨を襲いその王位を奪ったものと思われる。

ところで『書紀』崇神一〇（二九六）年条によれば、四道将軍の一人として丹波道主が丹波に派遣されているが、これは上記のように二九六年に庬、孝霊軍に破れ講和帰属した道主が、故地の丹波に戻ったことの脚色である。そして高奴子が、「高句麗本紀」二九三年条に丹波の新城の主と記されているのだから、高奴子は丹波道主その人ということになる。さらにまた『古事記』では、丹波に派遣されたのは垂仁の皇后サホヒメとその兄サホヒコの父日子坐王《ヒコイマスノ》とされているから、結局高奴子は丹波道主、日子坐王と同一人物で、サホヒメ・サホヒコの父であり、ホムツワケ＝ヤマトタケル（後述）の祖父と推定される。従って陳元達こと高奴子すなわち丹波道主が、三〇〇年に烽上王に連座して高句麗を追われ、劉淵、劉聡の家臣となったが、やがて三一六年に絶望の果てに自殺したのである。

百済は責稽王の子の汾西《フンセイ》王が即位して、かろうじて慕容氏系王朝の命脈は保たれることとなったが、それもつかの間、汾西は三〇四年に新羅王基臨に帰属した楽浪太守の刺客によって殺害され、比流《ヒリユウ》王が即位する。比流は民間人とされているが、それは百済王統にない簒奪王ということだから、彼こそが楽浪太守の放った刺客だったと思われる。比流は高句麗の鴨緑江上支流の沸流川の沸流（ピリュ）と通じることからみて、高句麗高氏であろう。やはり百済も三〇四年には高句麗高氏に奪い返されてしまったわけである。新羅も上記のように高奴子系の基臨朝となり、高句麗も三〇〇年に西川王の孫美川王高氏が石勒をバックに（妃が石勒の娘）即位している。

ここで韓三国の支配権を高氏に奪われ、一歩後退した慕容廆であったが、再び彼は反攻に転じる。その一環として廆は太子䚇には一族を率いての半島と倭国の征討を命じた。それに応えて䚇（垂仁、後述）はまず三一三年に、おそらく母である大彦の娘の実家、つまり大彦の師木《シキ》玉垣宮を掌握して大彦を任那に「帰国」（＝追放）させた。上記のように大和は孝霊が掌握して、大彦を他所に退出させたのであるから、「師木」は大和ではなく関東地方の志木とみるのが理に適っている。翌年には丹波王女狭穂姫《サホヒメ》を皇后としているので、丹波を婚姻を通じて平和的に帰属させたとみてよい。その後䚇は、二九八年に高氏勢力によって殺害された新羅儒礼王の子と考えられる新羅王子（垂仁三＝三一五年）天日槍《アメノヒボコ》の来倭を待って、彼とともに三一六年に百済に侵入（「黒龍」）し、比流王を帰属させているが、そのことから比流は高奴子つまり陳元達別名丹波道主に帰属していたことが判明する。三一六年は陳元達が自殺した年であることが理由である。元達の死を好機とみて、䚇は即座に百済を侵略した。後援者を失った比流は、慕容氏に帰属するという政治判断をせざるをえなかったのである。

䚇が垂仁であることは後に証明するが、百済比流朝を支配下に置いて倭国の妃サホヒメの許に戻った䚇は、留守中に丹波のサホヒコが反乱を策謀していた（三一六年九月）ことを知り、ついに丹波の武力討伐を決断する。戦いは数ケ月に及んだとされているがその理由は、サホヒコ側の徹底抗戦というよりも、䟽を愛しながらも兄に遵じようとするサホヒメと、生誕間近、あるいは間もない実子ホムツワケを救出したいと願う人間的な思いらしいことが窺われるのだが、結局火攻めの最終局面に突入し、サホヒメは生まれたばかりの子ホムツワケを䟽に託し、兄とともに燃える稲城の中で最期を遂げた。

父丹波道主と同様に、子のサホヒコ、サホヒメ兄妹も、まるで運命に見放されたかのような非業の死を、しかも自ら進んで遂げたのである。三一八年、丹波は悲劇のうちに滅びた。䟽にとっては、苦く空しい勝利であったろう。立ち去り難い愛の思い出の地であったせいか、しばらく丹波の地に留まった後、『紀記』各々の干支によると三二一年（垂仁九）に、ホムツワケを丹波に残して、䟽は廆の許に帰って行った。後の䟽の気難しい性格の原因は、この辛い丹波での体験であったかもしれないと私は考えたりしている。

䟽に百済と倭国の征討を任せていた間、廆は三男の仁《ジン》とともに、遼東進出を企てる高句麗美《ビ》川《セン》王と戦い、三一八年に決定的な打撃を与え、美川王を謝罪させ和親したとみえた時、再び三二〇年に美川王が起死回生の侵攻を試みるが、最終的に仁に撃破され、美川王は以後一〇年間、同盟する訖解とともになぜか、「百済本紀」三二七年条に暗示されているように劉曜の下に亡命していたと思われるが、その劉曜も三二九年に石勒に殺されてしまう。万策尽きた美川王は翌三三〇年に石勒に朝貢し、おそらく謝罪し高句麗への復帰の援軍を請うたと思われるが、翌年死んでいるのをみると、石勒に裏切り者として殺害されたのであろう。

こうした情勢の中、三三三年に廆は死んだ。前燕二代目の皝は、『書紀』では垂仁の前半を荷う倭王として記されている。垂仁の垂が、帯や足とも記される父姓慕容氏の表象であり、仁は五行説の五徳は仁ということで、五行では木が配当されるから、木徳青龍の高句麗高氏を表象するが、皝の母が本姓では金氏だが公称高氏の大彦の娘である点からみて、母系高氏の表象と解される。しかも「皝」は「高」に通じ、koはミャオ語の金だから、垂仁が本姓金＝休氏（上記）の慕容皝であることは明らかであろう。皝は在位三三三年から三二一年の倭王垂仁として倭国に足跡を残した後、父廆の死後、石虎と死闘をくり返し、また美川王の子故国原《ココクゲン》の高句麗を帰属させる等の精力的な侵略活動によって、前燕を最強国に押し上げた後、三四八年に没した。その後を継いだ息子の儁《シュン》（幼名ホムツワケ、別名ヤマトタケル、景行―後述）も、百済、新羅、倭国の大半を支配下に置くが、三六〇年に割り合い早い死を迎えている。傑出した指導性と求心力をもって君臨した三代の王を失った後、前燕は次第に衰微し、三七〇年、苻堅の秦によって滅亡する。この前燕滅亡の年に孝霊が没していることは示唆的である。孝霊はおそらく倭国から前燕救援のために兵を率いて出陣し、苻堅との戦いの中で没したのであろう。

孝霊はまさしく慕容氏宗家の栄枯盛衰の時代を生き、そして終焉の時に、ともに没したのである。

なお、銚が垂仁として三一四年に丹波を平和的に帰属させたことについて上記で触れたが、それが可能であったのは、二九六年の崇神敗戦時の丹波道主と安氏の娘（孝霊の姉）の婚姻があったことによると私は考えているが、その点については6で言及する。

3 孝元―広開土王の父

孝元と開化についての『書紀』の月干支は、ほぼ正確である。月干支が正確だということは、秘密にする必要のない、さほど問題のない倭王ということである。『書紀』は月干支による編年体で記されているが、それは編年体を装っているだけで、月干支を用いて時に時系列を甚だしく混乱させている場合がある。応神や仁徳、皇極はその代表例であるが、それは彼らが隠さなければならない秘密を抱えた倭王であるためである。権力にとって明らかにしても問題のない倭王には、当然時系列の混乱は加えられていない。この点に留意しながら、時に読者を欺こうとする同書に対応しなければならないが、人間事象や政治のダイナミクス、倭国を含む世界史の深い知識、さらに他国の資料とのクリティカルな比較検討等があれば、同書の欺きを楽しみつつ、真実に迫っていくことは可能である。私は真実を求めるために生まれた宇宙の生命体であると自負しているから、『書紀』がどう欺こうが平気である。むしろ予想以上に、正史のわりには真実を探し出す鍵を残してくれていることに感謝したいとさえ思っている。

　さて孝元である。前燕最後の戦いの中で没した祖父孝霊の後を継ぐ者として、彼はやって来た。説明しよう。その和風諡には、オオヤマトネコヒコクニクルという妙な名が付与されている。オオヤマトネコは、倭王ほどの意味であるから、どうでもよい。問題はヒコクニクルである。文字通り読むと、倭国にやって来た王、という意味であろう。それでは莫然としすぎている。どこから来たのか、―その答は、没年が示唆している。四〇一年と、『書紀』は明快である。四〇一年は、問題の年四〇〇年に近い。三九九年に広開土王が南巡した時、応神とみられる倭人に金城を攻められ、敗北した新羅の奈勿《ナモチ＝ムチ》王が救援を求めたことが、広開土王碑に記されている。『新羅本紀』には、ただ三九九年七月蝗《イナゴ》が原野を蔽《オオ》ったとあるだけだが、虫害は木が金を損《ソコナ》うことの暗示であるから、木徳の王により金徳の王が倒されたことを意味する。木はこの場合応神であり、金は金氏の奈勿《ナムチ》とみられるから、それは土王碑文中の事変をメタファーで記していると思われる。

　土王は即座に救援軍を出し、奈勿を救った。それに対して倭国の応神が、翌四〇〇年八月に再び新羅に侵攻し、一〇月奈勿は死んだらしいことが『新羅本紀』四〇〇年八月と一〇月の条から読み解ける。それは、八月星が東方で光り輝き、一〇月奈勿の馬が膝を折り涙を流して哀れな声で鳴いたというものであるが、東方は倭国、星は外国軍の侵略を示し、王の馬が涙を流して鳴いたことは王の死を表象するから、四〇〇年八月に倭国から応神が侵攻し、一〇月奈勿は戦死したということである。

奈勿の没年は四〇二年とされているが、それは死が公表された年で、実際は四〇〇年一〇月、応神の侵略によって奈勿は死んだと理解されるのである。孝元の没年四〇一年も、死が公表された年で、実際は四〇〇年に奈勿と共に死んだのではないかと私は考えている。孝元は四〇〇年の戦いに倭国から出陣した。ではなぜ孝元は出陣したのか。それは奈勿が父であったからではないのか。孝元は、父奈勿を救援するために、自ら兵を率いて新羅に渡ったと推測されるところから、ヒコクニクルとは、新羅からやって来た奈勿王の子という意味ではないかと思われる。

奈勿は三五六年に訖解死後子がいなかったので王位についたとされているが、訖解晩年の政権の不穏さにはただならないものがある。発端は、三四四年、倭国から婚姻を求める送使があったのを拒絶したことである。直後に大風が吹き宮の南の大樹を吹き倒したとあるから、おそらく倭国の侵攻によって王朝は倒れる寸前の状態に陥ったわけである。翌三四五年二月には倭王が国交断絶の国書を送付してきた。そして翌年倭軍が侵攻し金城を包囲し攻めたてたが、訖解はひたすら門を閉ざし、倭軍の食糧の尽きるのを待った。三四八年には宮の井戸水が急にあふれた。つまりクーデターが起ったわけである。さらに三五〇年三月コウノトリが月城の隅に巣を作ったとあるが、これは易姓革命つまり王統にない者に王朝が簒奪されることを暗示する条である。そして大雨が続き、山崩れが一三ケ所もあったとされているが、大雨は反乱、山崩れは王権の崩壊を表象するから、もう悲惨である。そして六年間の空白の後、訖解が死んだと記されるが、訖解の実際の死は三五〇年のことで、三五六年は死の公表された年であろう。これについては、『古事記』では三六二年とされている仲哀《チュウアイ》の死が、『書紀』では三五五年（月干支、三月なら）とされているというこの錯乱そのものの箇所に、三五五年に仲哀が新羅に侵攻し、翌三五六年の訖解朝打倒に寄与した事実の暗示がなされていると考えられるので、三五〇年から六年間の内戦状態ののち、三五六年に倭国仲哀軍によって、訖解朝は完全に滅亡したと推測されるのである。

三四四年に婚姻を求めて送使し、拒否されて、翌年国交断絶を通告した倭王は、三三一年（上記）に死んだとされる垂仁ではないことは確かである。垂仁二五（三三七）年条に、五大臣を任命し、先王を尊び、王としての決意を宣言するという常套的な即位式を表わす際に特有の文言が記されている点からみて、この三三七年に即位し、三四七（月干支より）年に没したという景行こそ、その倭王だったと推定される。[補注4] 景行とヤマトタケルの事績が、全く同一の九州熊襲《クマソ》討伐と東国の蝦夷《エミシ》討伐であり、また廆の孫の慕容儁とヤマトタケルが不思議なことに、どちらも鉄鍛冶の神の象徴の白鳥《シロイトリ》で表象されるのも同じであり、しかも儁が中国資料において所在不明となる三三七年から再登場する三四六年（三四七年説あり）という期間が、景行の在位期間に一致する点から考えると、ヤマトタケルは景行であり慕容儁だと誰でも気付くことであろう。▼[61] つまり訖解は儁の意志によって誅殺されたのである。

　儁は父皝の扶餘討伐の三四六年に半島に復帰したとされている（『資治通鑑』）が、この扶餘は当然百済のことである。百済契王を倒して近肖古《キンショウコ》を即位させるとすぐに、近肖古は三四七年から三六六年まで所在不明となっているから、儁は、神功《ジング》一族とみられる真浄に政権を預けて、三四七年には次男の近肖古を自分の代りに倭王仲哀として倭国に送り込み、自身は燕国に復帰し、翌三四八年皝の死後燕王として即位したのち、三五〇年新羅に侵攻して訖解を殺したが、抵抗勢力を一掃するのにさらに六年を要した末の三五六年に、ついに息子仲哀の倭国軍に命じて訖解朝を滅ぼすことに成功したと推察される。

　その時奈勿は、儁が倭王として送り込んだ仲哀とともに倭国から出陣して、訖解朝に最後の止めを刺したのち、儁に擁立されて新羅王になったと私は考えている。奈勿が倭国から出撃したという理由は、新羅生れとみられる孝元が、孝霊の後継者として即位できたことである。それは彼が孝霊の直系であったことの証左であるから、孝元の父が新羅王奈勿であり、その奈勿が孝霊の子であったことは明白なのである。奈勿は倭人であったのだ。だから倭国から侵攻したのである。

以上のような根拠をもって、私は奈勿を孝霊の子と推定している。すると孝安の孫であり、スーレーンの曾孫である。従って奈勿の本姓は安氏なのである。『新羅本紀』では金氏とされているが、上記のように金氏は休氏が本姓である慕容氏の別姓でもあるから、奈勿は慕容氏の養子となったスーレーンの公姓を名乗ったのであろう。

奈勿が三五五年に倭国から転戦し、三五六年に新羅王となった後に、新羅で生まれ育った奈勿の子の孝元が、祖父孝霊の死を受けて三七一年に来倭し、倭王として即位したために、ヒコクニクルの諡が付されたのである。そして孝元は、応神に攻められた父奈勿を救援するために、倭国から新羅に出陣し、その地で父奈勿とともに戦ったが四〇〇年一〇月に戦乱の中で没したのである。

これまでは、孝元の血脈を遡って考察してきたが、次に孝元の子に目を転じてみよう。私は孝元を広開土王の父と推定しているが、その証明は孝元の次の倭王開化の登場を待たなければならない。考察をさらに進めよう。

4 自作自演の安康刺殺事変と狙われた開化

孝元の死後、四〇二年に開化が即位するが、彼の出自は非常にわかりやすい。その名を見れば一目瞭然である。「開」は広開土王の開であり、「化」は変わることであるから、土王の生れ変わり、つまり広開土王の子の表象である。和風諡ワカヤマトネコヒコオオヒヒも、ワカが子、ヒコオオは大王の引っくり返されたもので、仁徳即位前紀に「大王」と記され、また高句麗王中、ただひとり太王つまり大王と諡された（国罡＝岡上広開土境平安好太王）土王を表象するから、やはり土王の子であることをズバリと言い表わしているのである。なお仁徳が土王であることについては後に証明する。日が二つ重ねられているのは、諡中の「安」が示唆する太陽神崇拝のパルティア系アルサケス王統にふさわしい（後述）。あるいは、オオヒで太陽、次のヒはヒコの省略形かもしれない。それなら太陽王となり、より一層パルティア王統アルメニアの安氏に最適な諡となる。しかも開化が立太子した三九二年（月干支より）は、土王が高句麗王として即位した年でもある。この符号も彼が土王の子ということの傍証になるだろう。

しかし孝元の子ではない開化が、なぜ立太子したのだろうか。それは孝元の子が土王だったからであろう。孝元は、子の土王が高句麗王として即位したために、その代りに孫の開化を倭国の太子としたのである。開化はまさに開つまり広開土王に代わる者として倭王となったのだ。また広開土王は、孝元の子として倭国で生まれた倭人であることも付記しておこう。

ところで開化の没年は、四月朔が丙辰の年で、その一〇月朔癸丑に葬ったとされている。一〇月干支は四六一年に該当する。四月についても五月の誤りとすれば四六一年に当るから、四六一年に没したと考えてよいだろう。この四六一年は、安康が八歳の眉輪《マヨワ》王に殺され、その結果円大臣《ツブラノオオオミ》一族が焼殺された年である。『書紀』は実に巧妙に月干支を操作しているので誑《タブラ》かされやすいところであるが、安康の没年を八月朔甲申の年としている。この月干支は四五六年に当たるが、八月を九月の誤りとすれば四六一年にも該当する。ではどちらが真実なのか。答は『宋書』本紀が教示してくれる。宋の孝武帝の大明六（四六二）年に、済（允恭《インギョウ》）が死んで世子興が朝貢してきたので倭国王に冊封したと記されている。普通この興は安康と考えられており、彼が四六二年頃に宋に朝貢しているのだから、四五六年没はありえないことになる。従って安康の没年は四六一年と取りあえずみるべきなのである。その年の七月には百済王の命令で来倭し大和に入っていた軍君《コニキシ》が、八月に眉輪の逃げ込んだ円大臣の家を襲撃し皆殺しにして、翌四六二年に雄略が即位するわけであるが、安康が殺されたので怒った天皇雄略が昆支《コニキ》に命じて討たせたとしているのは、詭弁というしかない。安康が殺された四六一年には、雄略はまだ天皇ではないから、文として成り立たないのである。しかし、もし仮りに次に雄略として立つのが軍君＝昆支（百済名）ということであれば、筋はようやく通り始める。従って安康暗殺の報を待ちかまえていた軍将昆支が出動し、一気に円大臣一族を滅ぼしたということになる。ということは、安康が眉輪に殺されるのは、前もってわかっていたということである。そして雄略は円大臣を殺さなければ倭王になることができなかったのである。彼を殺さなければ倭王になれないということは、円大臣が倭王であったということであろう。円大臣は倭王であったがために、その次に倭王となる雄略に殺されたのである。

　円大臣の円＝ツブラは、頭や王を意味する古代韓国語だから、王の表象である。円大臣とは大臣とされた王、つまり王であったにもかかわらず大臣と改ざんされた王と読み解くことができる。また八歳の子が保護を求めて逃げ込んだ先は、当然母の実家であろう。眉輪の母の名は中蒂《ナカタラシ》ヒメであるが、中は仲子《ナカゴ》だからどうでもよい。問題は蒂《タラシ》である。その艹は花芯のことで女性を表象し、その下に帝の一字があるので、蒂は「帝の娘」を表象する。つまりそれは「娘の父は帝＝倭王」という意味なのである。この点からも、円大臣が倭王開化であったことが証明されるのである。そして円大臣が眉輪王の祖父であったから、眉輪はその家に逃げ込んだのである。

　先に安康が殺されるのは前もってわかっていたとし、さらに昆支が前王円大臣を討ち、雄略として即位したと述べたが、そこから、円大臣朝を倒すために安康と雄略が事前に手を結び、計画をたて実行したということが見えてくる。八歳の無邪気な眉輪は、彼ら二人が謀反人を隠匿する者を討つという大義をもって円大臣＝開化朝を葬り去るための道具として、利用されたのである。

事の発端は、安康が中蒂ヒメのひざ枕で、眉輪の父を殺したのは自分だから、その報復が恐いと話すのを、階下で遊んでいた眉輪が聞いてしまったことである。眉輪は太刀で安康を刺殺し、おそらく母は彼を連れて、父円大臣の家に逃げ込んだ。しかし、これは考えられないことである。安康は百戦錬磨の武人であり、すでに四五三年に允恭を追放してその後釜に座り、四五六年市辺押磐《イチベノオシワ》を謀殺してその播磨朝を奪い、またその間の四五五年には百済毗有《ヒユウ》王を殺している。この点は後述するが、何人もの王を殺してきた男が、わずか八歳の遊びざかりの少年に殺されるはずがない。聞こえよがしに仇討ちを誘発し、安康は死んだふりをしたとしか考えられない。自作自演の大芝居であったとしか私には思われないのである。

しかもその後昆支が追撃し、円大臣一族を皆殺しにしたというが、これも不条理である。『書紀』によると、百済の蓋鹵《ゴウル》王が贈った池津ヒメを安康が焼殺したので、「倭王に仕えるように」と昆支を倭国に送り出したということだが、これもまた不合理である。美女を贈るのは、和親を求めてなされる行為であり、その贈られたヒメを焼殺するのは、和親の拒絶、しかも残酷なそれである。父毗有王を殺された蓋鹵王が安康に和親を求めて美女を贈ってきたのを、安康が苛烈な形で拒否したということなのだから、蓋鹵王は怒り、軍将昆支に安康を討伐せよと命じて倭国に送り出したというのが真実の話《ストーリー》であろう。従って、安康が眉輪に殺された時、昆支の仕事は終ったはずであり、後は百済に引き返すだけでよかった。にもかかわらず、円大臣を討ったのだから、ただ円大臣一族を討つことだけが目的であったとみてよい。先に記したように、昆支は安康と共謀して、蓋鹵王による倭国討伐の命令が出るのを待って出国し、安康の芝居の大詰を見とどけてから、謀反人一族を殺すという大義の旗の下に、円大臣＝開化朝を倒したのである。報酬は倭王位であったろう。事実、事変後昆支は雄略として即位している。その意味では、池津ヒメは、安康と結んだ昆支が倭国へ出発する口実を作るために殺されたのだ。密通の汚名を着せられて。

この安康は広開土王の太子興だという説▼62もあるが、誤解である。「高句麗本紀」四九一年一二月条を見れば、それがよく理解される。そこには、長寿王高璉が死んだので、北魏孝文帝が康という諡を贈ったと記されている。この長寿王に贈られた康の字が付く安康は、従って長寿王高璉である。彼は土王の子とされているが、安氏ではなく高氏だから、土王の実子ではない。安康は後燕最後の王高雲の子で、生涯を土王とその子や孫を殺すことに費した復讐鬼のような高璉なのである。この点については後に説明したい。

では土王の太子は興なのか。『宋書』四六二年あたりに「倭王世子興」とある人物についてみてみよう。世子とは帰属国の皇太子であるが、父王は倭讃《サン》すなわち仁徳である。仁徳は広開土王が国を棄てた四一三年に即位したとされているが、仁徳すなわち五徳は仁というその名が五行は木を示すから、いわゆる木徳青龍の高句麗の王ということを表象しているので、仁徳は高句麗の広開土王であると推定される。だから土王の子も興とみてよい。高句麗王としては宋に帰属していないので世子ではなく太子となるから、土王の太子興は存在していたわけである。

ところで『宋書』四六二年条の土王の太子興とは誰なのか。5で証明するが、結論的にいえば卜好《ボクコウ》＝訥祇《トツギ》である。そこで倭王世子興も卜好＝訥祇ということになるが、そうすると不可解である。訥祇はすでに四五八年に没しているのだから、四六二年の世子興は死者であり、ありえない話なのである。とすると、興という土王の太子の名を騙《カタ》って宋に送使した別の倭王がいたことになる。それが実名高璉の安康であろう。高璉が土王の太子興になりすまして宋に朝貢し、まんまと倭王として承認されたのだ。高璉は宋を騙したのである。宋が倭讃すなわち仁徳、また帯方王の佐、慕容佐、安同、句麗王安とも呼ばれた（後述）広開土王を倭国王の正系とみなしていたために使った高璉の裏技であった。

四五三年に允恭朝を奪い、四五六年に市辺の播磨朝を簒奪した間の四五五年に安康＝高璉は百済毗有王朝を滅ぼしているが、『書紀』はそれを大草香《オオクサカ》の死として記している。安康に要求された大草香が、宝冠と妹を雄略に譲ろうとしたのを、宝冠に目がくらんだ根使主《ネノオミ》がざん言したことによって大草香が討伐されるという卑俗な話となっているが、雄略も根使主も改ざんである。しかしその宝冠押木玉縵《オシキノタマカズラ》は慕容氏の歩揺冠を思わせる点から、大草香のレガリアだったことは確かである。父仁徳＝土王から受け継いだ王位の象徴《レガリア》と妹を安康に譲ろうとすることは、大草香が安康に敗北した事態を暗示する。また脚色されているが、妹は大草香の妃、いやまさに皇后だったということになる。なぜなら先王の王妃を娶って王位の正当性の保証とするのは騎馬遊牧民族に一般的な習俗であり、またパルティア、アルメニア的ゾロアスター教は最近親婚を尊んだからである。

ところで大草香の別名は『古事記』では、波多毗大郎子《ハタビノオオイラツコ》とされている。それはハタビの長男という意味だが、毗は毗有王の毗と同字だから同一人物とみなしてよいだろう。そしてハタビはハタビメつまり秦氏の姫＝娘の省略形ではないかと私は考えている。彼女は、応神一三（四〇二）年条に「コハダオトメ」と歌われている日向《ヒムカ》の髪長《カミナガ》ヒメであろう。コハダとは胡の秦氏、つまりペルシア人の秦氏のことと考えられるから、そのオトメは「ペルシア人秦氏の娘」ということである。日向《ヒムカ》は日が沈み向かっていく西方であるから、髪長ヒメは西方出身のペルシア人秦氏の娘だったのである。秦氏の祖に弓月君《ユヅキノキミ》がいるから、おそらくその故地は西方のシルクロードの弓月城であったろう。秦氏は、絹の生産はもちろん、辰砂《シンシャ》を用いた金の精錬、鉄鍛冶等の生産に支えられた巨大な経済力と、それに基づく強大な武力を保有する最強の氏族であったから、秦氏の後援を得ることが、当時は王となる必須条件であったはずである。その秦氏の娘を娶ったのだから、仁徳は秦氏との同盟を成立させたことによって圧倒的な軍事と経済の支えを得たわけである。後の欽明を秦大津父《ハタノオオツチ》が支えたように、髪長ヒメの父は土王＝仁徳を支えることとなったのである。応神一四（四〇三）年と一六（四〇五）年条にみえる弓月君一行の帰化をめぐる動向は、土王＝仁徳の対応神戦への協力の動きであり、また戦勝後の倭国への凱戦渡来と捉えられるのである。その名が示す通り、大草香＝毗有王は、土王こと仁徳と秦氏の髪長ヒメの間に生まれた子であったと推定される。

四五五年、その毗有王を黒龍が襲った（「百済本紀」）。慕容氏は黒龍で表象されるが、この黒龍は、父高雲が慕容宝の養子となっていたので表向きは慕容氏である高璉のことである。毗有を殺した高璉は、毗有の妃であった中蒂ヒメを奪い妃としたが、当時二歳の、毗有と彼女の間に生まれた子眉輪を、母に免じて殺さず宮で育てたとされているのはとんでもない脚色である。その母子は倭王開化＝円大臣の娘と孫であったから、高璉が倭国に侵入する時の盾、切り札として利用するために、母子を人質として連行したのである。

八歳の眉輪は、高璉が開化を殺すための道具として利用され、焼き殺されてその短い一生を終えたが、他方の復讐鬼のような高璉＝安康は九八歳まで生き延びた。怨念で人を殺し続けた長い一生に、どのような価値があったのだろうか。『紀』は彼を大悪天皇（雄略二＝四五八年条）

としている[補注5]。

広開土王の太子興の名を騙る安康こと高句麗長寿王高璉が開化を謀殺した四六一年に、欠史八代の大和王朝は終った。高氏一八年、金氏一二年、安氏一六五年、しかし味鄒は上記のように丹波の高氏（前一七年以後は褒氏を内包する）の血脈に金氏が加わる最初の人であるから、金氏とも高氏ともいえるし、その子西川王も母が東川王の娘とみられるので高氏でもあり、実際に高氏を公姓としている。従って、欠史八代中の孝昭までの三〇年間は高氏王朝の範疇にあるという点からみると、欠史八代は、三〇年間の高氏王朝と一六五年間の安氏王朝の時代であったともいえる。まさに高氏と安氏＝慕容氏の激突する時代だったのであって、劉氏と慕容氏の対立の構図などを安易にあてはめることは無意味なのである。ともかくあまりにも短い高氏王朝とあまりにも長い安氏＝慕容氏王朝。しかも高氏は安氏に叩きのめされた。高氏の末裔を自負する者にとっては屈辱的な時代であったろう。彼らにとっては語るに語れない時代だったのである。欠史とされたのは、こうした理由のためと思われる。高璉を恥じたことも一因かもしれない。

安氏王朝の実現を支えたのは慕容廆であったし、上記のように彼自身も父の血脈は安氏であったから、すでに二九六年に、慕容氏は倭国に拠点・根拠地を確保していたのである。慕容氏の最初の倭王は三一三年即位の垂仁とされているが、その下準備はすでに、廆によって整えられていたのだった。ヤマトタケル＝景行が九州の熊襲と東国の蝦夷討伐しか行わなかったのも、大和の安氏＝慕容氏王朝がすでに存在し、近畿大和一帯を支配下に置いていたからである。

また孝のつく倭王、孝昭、孝安、孝霊、孝元を、劉氏漢の支配下にあった倭王の表象とする説[▼63]もあるが、誤解である。漢に倣ったとはみられるが、晋の皇帝の諡にも孝がつけられており、西晋の孝恵帝（在位二九〇―三〇六）から三代と、東晋の第七代孝武帝（三七二―三九六）がそれである。そして孝昭は在位二九六年だから西晋の孝恵帝の在位期に対応し、在位三七一―四〇一年の孝元は東晋の孝武帝の在位期に対応する。つまり欠史八代中の孝のつく倭王は、西晋の孝恵帝から東晋の孝武帝の時代の倭王であるから、そのことを示唆するために孝の名がつけられているのである。さらに孝を高句麗高氏の表象とする説もあるが、それも誤解であることは、孝安以下三王が安氏であることから明白である。

5 広開土王の太子興は卜好である

卜好《ボクコウ》は新羅王奈勿《ナムチ》の子で、訥祇《トツギ》の弟とされており、二人とも高句麗に人質として出された。「新羅本紀」は訥祇について、かつて奈勿に人質として高句麗に出されたことを怨んだ実聖が、訥祇を高句麗に送り込み密かに殺害させようとしたが、彼の人柄に感じた暗殺者が殺すのを止め、事の次第を打ち明けたので、怒った訥祇が実聖を殺して新羅王となったと、事細く語るわりに、人質に出された年月日を伏せている。逆に卜好は、ただ四一二年に出され、四一八年に帰国したとされるだけである。どうも不可解だ。もしや二人は同一人物ではないのか。

卜好という名は、好で人柄の良さを示し、卜は朴つまり木の表象であるから、木つまり木徳の高句麗の好人物という意味である。訥祇もまた訥は口が重いことすなわち正直な人柄を表わし、祇は、まさにという意味であるから、正直者そのものということになる。口が重いというのは木訥《ボクトツ》と言い変えられるから、やはり木で、木徳の高句麗の正直者ということになる。結局卜好と訥祇は、意味も関係する国名も同じである。また好《コウ》は興《コウ》に通じる。従って、卜好は訥祇であり、高句麗広開土王の太子興その人であるということになる。

その卜好が人質として高句麗に送られたのは四一二年であるが、どうもおかしい。自分が質《シッ》子《シ》として出されたことを恨んだ実聖が、訥祇の弟未斯欣《ミシキン》を倭国の人質に出したのは、即位の翌年の四〇三年である。これに較べると卜好の場合は、あまりに時がたちすぎている。この不合理さが、卜好を人質に出したというのは事実ではなく、事実は別にあることを示唆しているのではなかろうか。

この問題を解く鍵は、四一二年という年次である。四一二年は、土王が国を棄てたとされ、新王が即位したとされる四一三年の前年である。そのことは、卜好の高句麗行きが新王の即位に関係すること、さらに直結することを示唆しているのではないか。卜好は新しい高句麗王として即位するために、高句麗に送られたのではないのか。

「高句麗本紀」では、即位したのは長寿王高璉とされているが、ありえない。なぜなら四一三年条には、東晋が新王を高句麗王、楽安郡公として冊封したとあるからである。楽安は楽浪の誤記とみられているが、浪を安と誤るなどありえない話だ。そうではなく、楽安で正しいのだ。楽浪郡の安氏を暗示するために、あえて誤記がなされているのである。句麗王安と『通典』東夷にあるように、安氏は土王の姓である。四一三年条は、安氏土王の子の卜好が前年に高句麗に送られたとする「新羅本紀」の条を伏線として、土王が高句麗を去り、息子の安興が高句麗王として立ったということを、誤記によって示唆しているのである。この安興が、卜好であり訥祇であることについては上記した。土王碑文に「土王が四一三年三九歳で宴賀《エンガ》し、国を棄《ス》てた」とあるのは、息子興＝卜好の即位を祝う宴《ウタゲ》を開き、そして土王は国を去ったということである。

ではなぜ土王の実子の高句麗王安興が、奈勿の子の新羅王子卜好＝訥祇だという複雑なことになったのか。それはやはり、あの三九九年の出来事が契機であろう。応神に撃破され、奴客つまり王位を否定され平民とされた奈勿が、土王に帰属するから戦術を指導して欲しい、つまり援軍を出して欲しいと請願した時のことである。奈勿は帰属の証しとして美女を贈ったはずである。奈勿は苻堅にもソツビコにも美女を贈っているように、絶えず女性を贈り和親するという外交術を駆使する王であった。それはササン朝ペルシアでは特に著しい習俗ともいえる外交術であるが、西方のパルティア系アルメニア王統に連らなる奈勿であれば、なるほどもっともなことである。従って当然三九九年の時も、彼は土王に妃の一人を贈り帰属を誓った。この奈勿の妃と土王の間に生まれたのが興だったのではないか。彼はおそらく母の許《モト》、つまり新羅の奈勿の宮で生まれ、育ったであろう。そのため奈勿の子と誤って伝えられたのではなかろうか。上記のように奈勿は土王の祖父であるが、そのことがこの推論を揺るがすことは全くない。奈勿妃の許で養育された興は、四一二年に実父の土王によって、高句麗に呼び戻されたのである。実聖が悪者にされているが、そのような作り話をしなければならないほど、それは秘密のことであったということであり、また悪者扱いの実聖が土王を裏切った事実があったことも仄めかされているのである。

おそらく興は四〇〇年ころ生まれたと思われるので、即位の時はまだ一四歳位の少年であっただろう。翌年高璉が易姓革命を起こし、興に内戦をしかけ、一二月には興は敗れて逃亡したらしいことが、四一四年条の八月異鳥が宮に集まり、つまり簒奪者の出現、一〇月狩、つまり戦い、一二月大雪が積もった、すなわちクーデターという暗示的な表現から、読み取れるのである。

興は四一四年一二月に高句麗を逃れ、父土王が転戦中の倭国に亡命した。そして高璉は高句麗王として、同じ時に即位したのである。とはいえ高璉は定着できず、新勢力に圧迫されて五年後の四一九年に所在不明となる。彼が再び高句麗王位を奪回するのは四二七年のことである。

⑥漢の劉聡を殺した倭人—陳安＝息長宿禰

丹波道主と推定される陳元達の悲劇的な死については先に触れた。その元達の自殺の二年後の三一八年に突如として晋に挙兵し、翌三一九年に劉曜の下に降った陳安という男がいる。「載記」にはそのように記されているが、三一八年建国の亡命王朝東晋は経済も社会も脆弱で、初年度は課税すら不可能な有り様だったから、東晋に何の脈絡もない陳安が挙兵というのは何とも不可解である。一方西晋を滅ぼした劉聡は三一八年に死に、「平陽に血の雨が降った」とされているから、これは明らかに戦乱があり殺されたということであろう。とすると陳安が挙兵したのは、東晋ではなく、劉聡に対してだったと考える方が理に適う。その二年前に劉聡に侮辱される形で自殺した陳元達と陳安は同じ陳氏であるし、陳元達の自殺のわずか二年後の誅殺という点からみても、陳安は陳元達の子であった可能性がきわめて高い。子による父の仇討ちである。

劉聡に挙兵し、殺し終えた陳安は、聡の死後に漢王として立った劉曜の配下となっているところからみると、あるいは劉曜に内通し、父の仇として劉聡を討つ許可を得ていたのかもしれない。しかし些細なことで陳安と劉曜は離間し、逃げた陳安は追撃する劉曜とその軍に対して丈八蛇矛《ジョウハチジャボコ》で防戦するが、三二三年六月に殺されたとされている。

しかし私は、陳安が劉曜に殺されることなく、劉曜の追撃を受けながら百済を抜け、ついに倭国丹波まで逃げ帰ったと推定している。根拠は「百済本紀」比流王の三二五年一〇月と一一月条である。それは、一〇月天で風波の激しくぶつかり合う声がした。一一月王が狗原《クゲン》の北で狩をし、鹿を捕ったというものである。三二五年は、劉曜が陳安を襲い殺したとされる年の二年後で、天から聞こえた激しい音は戦闘の表象であろうから陳安は生き延びていたのであり、追撃してくる劉曜軍と戦いながら百済領内を抜けていったのである。また狗原は倭国の表象であるが、その北というから丹波と思われる。その丹波の地で、比流王が翌月に戦って勝利したというのであるから、陳安が劉曜に追撃されながら丹波まで逃げたところを、百済比流王が救援のため自ら出陣し、劉曜軍を撃破したのである。陳安が丹波まで逃げたのはそこが彼の故地であったためであろう。だから陳安は、やはり陳元達こと丹波道主の子と考えてよい。

比流王は上記のように本来は高氏であるが、三一六年に侵入してきた黒龍で表象される慕容氏、すなわち䟴と天日槍と和親したことは、彼がその時殺されることなく、その後二八年間も王権を維持し続けたことでよく理解される。慕容氏勢力となった比流王が陳安を救援したのは、陳安が慕容氏勢力であったからであろう。彼の丈八蛇矛は慕容氏の七支刀《ヒチシトウ》を思わせるが、それも道理であったのだ。

しかも陳安には、その名が示すように安氏の血脈があったと思われる。考えられるのは、父丹波道主が、あの動乱の二九六年に安氏、慕容氏に敗れ和親した時に、証しとして安氏の娘を娶った可能性である。それは孝霊の姉との婚姻ではなかろうか。そして陳安の母がまさにその安氏の娘、孝霊の姉だったのではないか。

ところで神功皇后の父とされる（神功摂政前紀）息長宿禰《オキナガノスクネ》は、『古事記』では開化の子孫とされている。その真憑性は別として、開化が安氏であることは上記の通りだから、息長宿禰も安氏のはずである。私は、この息長の息は安息の表象であり、長《ナガ》には王の表象と、流れる、つまり渡来人の表象が重ねられていると考えている。従って息長宿禰は、安息国王統の渡来人安氏を示唆する名なのである。神功は角鹿《ツヌガ》から仲哀に合流し、その没年は三八九年と推定される（「神功紀」の年干支）ので、その父とされる息長宿禰は丹波を故地としていた陳安と重なり合う。従って息長宿禰は陳安とみてよいだろう。ただし息も安も母の出自の表象であり、父は丹波道主であって、開化とは無縁である。

廆の死を契機とした反乱を暗示する「百済本紀」三三三年五月条に続く一〇月条に、内臣佐平として真義が登場するが、陳は真に通じ、また義という名も正義のために死んだ陳元達の子にふさわしい点からみて、陳安は比流王に助けられて丹波に復帰した後、比流に請われてその重臣真義となったのであろう。新羅王訖解が百済に使者を送った三三七年から七年間所在不明の後の三四四年に比流の死が告げられている点からすると、訖解は使者を装った刺客を百済に送り、比流を暗殺したと思われる。その時比流の娘神功を丹波に連れ帰った後、比流に代って養育したために養父という意味で陳安が神功の父とされたのではないかと私は考えている。

おそらく神功の父は比流王で、母は天日槍の娘であろう。ヒントは、三一六年に百済に現われた黒龍との和親と比流の帰属である。比流は②で述べたように高氏で、陳元達つまり丹波道主に擁立された王であったから、三一六年の道主の自殺によって後ろ盾を亡くしたまさにその時に訖と天日槍に攻め込まれたために、延命のためには彼らに帰属する他手段がなかった。逆にいえば、この機会を慕容氏が見逃さず攻めたということだが、和親の証しとして当然比流王と天日槍の娘との婚姻がなされた。二人の間に生まれたのが神功であろう。神功は父高氏比流王と母慕容氏天日槍の娘の間に生まれた子なのである。そして上記のように比流王死後陳安＝大臣の真義が丹波に連れ帰り、養父となって育てた。神功の諡息長足《オキナガタラシ》ヒメの息長は養父息長宿禰の表象であり、足《タラシ》は母である慕容氏天日槍の娘の表象である。

さらに私は、高氏比流王を陳元達すなわち高奴子こと丹波道主の息子ではないかと考えている。すると陳安は比流王の異母弟である。比流が、劉曜に追撃されて逃げた陳安を救援するために丹波まで出陣したのも、実の兄弟であればこそであろう。稲城で焼死したサホヒコも彼ら二人の兄である。そして神功は高奴子、すなわち丹波道主の孫娘ということになる。

なお劉曜については、西川王が宇文氏と対慕容渉戦に向けて同盟するに当って、宇文氏の娘を娶って生まれた子と私は推測している。劉曜が第三代漢王となった時、国名を漢から趙に変更しているから褒氏（補注3参照）と思われる点と、黒色を尊び黒旗を使用した点で宇文氏が想起されることが理由である。宇文氏がカラ（黒い）キタイ＝契丹《キッタン》の前身と推定されることは第四章の[2]で述べよう。劉曜は西川王褒氏の子で、丹波道主＝陳元達の異母弟であるから、陳安＝息長宿禰、サホヒコ、比流王兄弟の叔父であったのである。結局劉曜もまた味鄒＝密友の孫に他ならない。

第四章

シュメールの末裔
——犬戎と月氏の諸氏族たち

1 東方でシュメールは犬戎と呼ばれ、マサゲタイは月氏と呼ばれた

『紀記』では、犬戎《ケンジュウ》は尾の有る人、月氏《ゲッシ》は大物主と呼ばれている。前者は犬、狼を始祖神として崇める種族、後者はその名の通り、大柄な、「物」を崇める種族と捉えているようだ。物はhmongモン、すなわち母なる木の芯である。始祖を始めとする祖先達が、そこから生まれそこへと還ってゆく母樹《ハハナルキ》の芯のことである。ミャオ族は自分達を、母なる蝶と水の泡《アワ》が歌い合って結婚し生まれた、と考えている。その蝶が生まれ、また還っていったところが楓香樹《フウカジュ》の芯である。蝶は一二箇の卵を生み、まず雷、次に牛や蛇、鬼などが生まれ、最後に自分達人間が生まれ出たとする。こうした部族の由来を彼らは叙事詩楓木歌▼64として、今に伝えている。そこで歌われるのはミャオ族の由来であるが、しかし同時にそれは、彼らを含む月氏諸族の由来を留めるものと捉えられるだろう。

雷がまず最初に生まれたというのは、雷トーテムクランがはじめに成立したということだから、月氏の初発は雷族なのであろう。それは、雷神蛇神で表象される大物主を想起させる。動乱二九六年の大物主は安氏・慕容氏であった。ミャオ族はそれを雷公と呼ぶが、中国資料は共

工と呼んでいる。この共は休と通じるので、共工は休公つまり慕容氏の本姓の休氏のことではないかと私は考えている。共工は、人面蛇身、青眼赤髪と表現されている[65]から、蛇族の白人種である。この点も『古事記』の小さな美しい蛇となった大物主の慕容氏、安氏と共通する。共工は黎明期の中国の王（帝）らと王座をめぐり絶えず争っていた強力な種族である。とすると上記のように慕容氏の本姓は休氏であるから、おそらく慕容氏の歴史はきわめて古い。

その共工は、楚の始祖祝融《シュクユウ》が、夏《カ》の興るころ降臨した（『国語』周語[66]）という鐘《ショウ》山にライバルとして住んでいたとされている。その鐘山がアルタイ山、金山であることは、『山海経《サンガイキョウ》』大荒北経に「西北の海の外、赤水《セキスイ》の北に章尾山あり」とされていることから明らかである。西北の海とは青海湖《セイカイコ》のことであり、赤水とは同書大荒南経が崑崙《コンロン》山から流れ出し、砂漠に流れ出るとするおそらくタリム川であろう。聞一多氏によれば[67]、章は鐘に通じ、尾は火偏に尾と解すべきで、『説文』[68]によるとそれは火であるから、青銅や鉄、金の精錬のため夜でも赤々と見える金属の山、すなわち金山を章尾山や鐘山といっているのである。その金山がいにしえの共工＝休氏の根拠地だったというのである。そして慕容氏の別名エフタルも金山に長く住んでいたといわれている[69]。

この本姓休氏とみられる慕容氏の直接の祖は、大月氏国に前六五年ころ抬頭した五侯の一人の休密ではないかと、私は考えている。その休密の祖先である共工＝休氏の地が金山だったのである。金山はかつて金、銀、銅を産し、今でも金や大量の石炭を産出する文字通り金属の山脈である。全長二〇〇〇キロ。最高峰のビエルハ峰の頂きは二つに分かれ、間には氷河が走っている。雪を冠したその姿は、まるで巨大な白犬の頭のようにみえたであろう。犬戎の祖は、白い肌、黄金の目の白犬で、黄帝の子孫だと記しているのは『山海経』海内内経だが、まさしくその白犬の形姿である。山全体が始祖の白犬を表象しているのである。金属を産する実益の有難い山というだけでなく、その山の西側から仰ぎみれば、太陽の昇る山であり、形姿は始祖の白犬であるために、太陽神崇拝と祖先神崇拝の両面から、金山は白犬を祖と崇める種族によって崇拝されていたと思われる。その山の名の金を意味するミンチア語 kyi ＝休を、彼らは氏族名としたのであろう。休氏＝慕容氏が、雷神蛇神のみならず、犬神をも祖神としてもっていたことは、景行紀にみえる、ヤマトタケルが信濃で山神に表象される敵対勢力によって追いつめられた時白犬が現われて助ける条（景行四〇年、ことし条）によって、明らかである。彼らは祖神犬の姿の金山を崇拝しつつ、長らく根拠地としていたのである。

夏《カ》は長い間仮空の王朝と思われていたが、遺跡の発掘が進み、実在の王朝であったことが証明され始めている。やはり「仮空」は無知の代名詞であったようだが、一七代四七一年続いたとされる夏は、殷《イン》の前の王朝であるから、前一八〇〇年ころに始まり、前一五〇〇年ころに終ったとみてよいだろう。西方ではヘロドトスによると、前一五〇〇年ころスキタイが部族時代を脱し、王国時代に入るころである。またサカ・スキタイ人が二輪馬車を駆って、中央アジアに侵入してくる時代でもあった。スキタイの始祖の母を蛇とするギリシア人の伝承[70]に照らして考えると、サカ・スキタイ人は鹿[71]と蛇を祖神として敬う白人種とみられるので、共工はサカ・スキタイ人でもあったと考えてよい。従って慕容氏、安氏もサカ・スキタイ人ということになる。彼らは、その内の東方に侵入しようとした部族だったのである。

夏《カ》の始祖禹《ウ》は治水事業で名を残し、夏は青銅と黒陶の文明を残しているが、治水、灌漑と青銅で想起されるのはシュメールの文明である。そもそも夏《カ》という国名も、シュメール人がバビロンあたりを呼んだ「カ・ディンギル・ラ」（神の門）がルーツではないかと思われてくる。禹は伝説の初代王伏義《フッギ》と同じ木徳青龍の王[72]であるが、五行思想では肉は犬、方角は東に配当される。高句麗の祖とされる帝告《テイコク》も、禹と同様の木徳だから、高句麗も含めて、彼らはシュメール人の末裔なのではなかろうか。なお中国初代皇帝とされる黄帝は、龍伯国の長大な部族[73]、いわゆる大人[74]とされ崑崙山の北九万里に住んでいたというから、先の金山を根拠地とするサカ・スキタイ人とも思われる。激烈な戦争によってライバルを倒し、初代皇帝となったといわれる黄帝の名軒轅《ケンエン》は、スキタイの三種の神器の一つを思わせる轅《ナガエ》の一字を含み、スキタイの幌車を表意する名であるのも、そのためであろう。しかし他方で、犬戎の祖の白犬の祖とされている[75]から犬戎でもあるらしい。彼は土徳黄龍であるかに仕立て上げられているが、姫姓であるから、周と同じのサカ・スキタイ人を吸収した青のシュメールであることは後述する。

日本にも、シュメールを思わせる地名がいくつかある。例えば宇木汲田《ウキクンデン》である。シュメール語ウッキンは人民、[76]クンデンのデンは所有の「〜の」を意味するドラヴィダ・カンナダ語のタンの転訛、クンはク、おそらく亀かと思われるが、クの人という意味になる。シュメールは日常言語のエメ・ク（クの言葉）と宗教言語エメ・サル（サルの言葉）を使用していたとされている[77]から、宇木汲田は「クの言葉を話す人」つまり「シュメール人」という意味である。吉野ヶ《ヨシノガ》里《リ》のガリもシュメール語の大きいという意味のガルの転訛であろう。またヨシはアシ＝葦、野は原だから、吉野は「葦原《アシハラ》」である。従って吉野ヶ里は「大葦原」となる。この意味は後に述べるように重要である。シュメール語で使者をスッカラというから、早良国もその転訛、あるいはシュメールの転訛であろうし、六世紀ころの他国からの使者の宿泊施設相楽館《サガラカノムロツミ》もルーツはそれであろう。なお、エメ・サルは古代韓国語の神の言葉を伝えるという意味のサリレ[78]のルーツと思われるが、神の似姿と思われる偏頭の風習をもつサルマタイ人の名のルーツでもあると私は考えている。「神意を伝える人」がその種族名の意味であろう。

ところでシュメールというのは他称である。バビロニアの人々が彼らをそう呼んだにすぎず、シュメールの自称は「キ・エン・ギ・ラ[79]（ル）」である。それがケンジュウへと転訛するのにあと一歩である。中国資料はそれを犬戎と表記したと私は考えているのだが、それはシュメールが犬を神と崇める習俗を持つことを、中国の人々がよく認識していたためであろう。ケンイン、クンイク、コンイなどという得体の知れない種族名が中国資料に出てくるが、それらもすべて、シュメールの自称キエンギラ、ケンギラの転訛である。バビロニアの学者は、すでに六〜七種類のシュメール語を区別していたということだから、転訛が多くあっても不思議ではないのである。狗原《クゲン》は倭国の表象であり、『山海経』▼80海内内経では狗封《クホウ》の国ともされているし、隼人《ハヤト》が朝廷警護の儀礼で行う犬の遠吠えのような吠声や、犬の耳を模した髷《マゲ》の装着からみても、倭国は犬を崇拝する犬戎、すなわちシュメールの後裔の国であったのである。なおシュメール最後の王都ウルについて、一般には都市という意味とされているが、私は犬の意味のシュメール語Ur＝ウルを選択すべきだと考えている。つまり祖神である犬という名の町なのだ。

ともかく私は、犬戎を東方に移動してきたシュメールと考えている。そして彼らが自分達をキエンギラと称するのをケンジュウと聞き取り、その犬を祖神とする習俗を見識って、犬戎の字を当てたとみなしている。シュメールは東方では犬戎と呼ばれたのである。

ではこのキエンギラとはどういう意味なのだろうか。キは大地、エンは主や王、神、ギは葦《アシ》（穂が出たもので、穂の出る前を蘆《ロ》という）、ラは〜のという意味であるから、キエンギラは「葦神の地」ということになる。それはチグリス川とユーフラテス川の間にある地メソポタミアの湿原の大地を端的に表象するものなのである。倭語の葦原中ツ国もキエンギラ、つまり犬戎の国ということである。先に吉野ヶ里の吉野を葦原と解いたが、まさにそれはシュメール語でいうキエンギラそのものである。だからそれは、犬戎ということなのである。

シュメール最後のウル第三王朝が、前二〇〇〇年前後にエラム人とアムール人によって滅ぼされたのち、シュメール人、自称キエンギラは同心円的に世界各地に亡命し、定住していったことを、各種の伝説が語っているのはよく知られたことである。メディア王女マンダネとペルシア王カンビュセスとの間に生まれ捨てられたアケメネス朝ペルシアのキュロス（クル）二世の名も、彼を育てた女の名（キュメ）[81]も「犬（ギリシア語）」であり、ローマの始祖ロムルスとレムスも犬に育てられた。東方では中国資料が、犬戎としてその名を記録しているのである。

バビロニアでシュメールと呼ばれた彼らは『旧約聖書[82][83]』ではシナル等とされているが、それらのルーツはタミール語の神を意味するセンマル[84]であろう。シュメール人は神への崇拝の姿を小像に残しており、神殿に礼拝に行けない時、自分の代りに自分の似姿の小像を造り奉納していたということだが、その小像は白い肌で、異様に大きな青い眼を精一杯見開き、胸の前で左右の手をしっかりと握り合わせている[85]。それを宇宙人像などとして面白がらせている書[86]もあるが、そのように軽薄なものではなく、シュメール人にとっては全実存をかけた切実な祈りの像なのである。左右の手を握りしめた手形は、信仰の強さを表象するといわれているが、他に出土する王女の像なども、皆同じ形姿である。彼らが神を仰ぎ、神（センマル）よと呼びかけるのを見聞きして、バビロニア人は、彼らをシュメールと呼んだと私は考えている。あるいは、神への信仰の厚い人という意味であったかもしれない。シュメール人の人間的形質はアルメノイド（白人）で、短頭、中背といわれているが、まさしくこの小像のように白い肌、青い眼だったのであろう。

彼らにとって最も重要な神を表わすシュメールという語がタミール語で読み解けるということは、シュメール人がタミール語を話す人々であったことを示唆していると私は思う。シュメール人は、メソポタミアに来る前は中央アジアにいたといわれているが、私は、さらにそれ以前にはバイカル湖に注ぐモンゴル高原のオルホン川上支流のタミール川あたりにいたのではないかと考えている。タミール語を話す人々の原郷は、タミール川周辺であろう。だからシュメールが国を失った時、ウル第三王朝を中心としたかなり多くの部族がもと来た道を逆流し、やがて中国東北部あたりに辿り着いたと思うのである。シュメール語の大地神エンキに通じる焉《エン》耆《キ》、ウルクを思わせるダンダンウィリク、月神を彷彿とさせる弓月城などのシルクロード上の諸都市は、その証拠ではなかろうか。そもそも彼らがタミール川を捨てて旅立ったのは、前四五〇〇〇年ころピークをむかえた地球の温暖化▼[87]のためであったろう。しかしその二五〇〇年後にメソポタミアを失い、東方亡命移動を始めたころには原郷は人の住むにはあまりにも厳しい砂漠となり果て、しかも完新世（現間氷期）最大の寒冷乾燥期をむかえていたから、彼らは原郷より南に定着せざるをえなかったのである。

中国黎明期の諸王が木徳青龍とされていることも、シュメールの東方移動の証左である。木徳青龍の木は、ウルとウルクで崇拝されたとみられる七支樹[88]と、洪水の後の泥土に咲き出たという伝説の四つの花樹を彷彿とさせる。そして青はウル第三王朝の始祖ウルナンムが築いた青のジッグラトを想起させる。青はウルナンムが崇拝したウルの守護神の月神ナンナルを表象する色である。月神ナンナルを祀るために築かれたウルのジッグラトは、表面に塗装されたアスファルトによって、青く美しく光り輝やいていたであろう。ちなみにウルクのジッグラトは、天神アヌ（アン）を表象する白色がほどこされていた。

粘土版による文字の使用、青銅と金の精錬、製造の技術、車輪の発明による二輪車と二輪戦車の使用、十進法使用と六〇進法の考案、陰暦と七曜日の観念、治水灌漑技術など驚くべき文明を生み出したシュメールは、また優れた海洋民族でもあり、水陸の輸送手段（二輪車と船）を駆使してインド、アフリカ、地中海世界と通交し、その中継地として巨大な富を蓄積していたといわれている。またのちの前六世紀ころのギリシアのファランクスに似た彼らの六列従隊の密集槍歩兵戦術は、他を圧倒するものであっただろう。青や白の観念や、ウル第三王朝第二代王シュルギが国家制度化した現人神《アラヒトガミ》の観念は、東方移動した彼らとともに東方にもたらされ深く根付いたと思われる。

犬戎が中国資料に初めて登場するのは、周の穆《ボク》王のとき[89]である。それまで東方や南方を侵略していた方針を転換し、彼は突然北伐の挙に出た。臣下が犬戎は代々朝貢しているのだから、と止めるのも聞かず犬戎の領域に侵入し、犬戎の霊獣である白狼と白鹿を殺した。それ以降犬戎は朝貢を止めた――。狼は犬戎の神であるが、鹿はサカ・スキタイ人の神である。ペルシア語の鹿の角を意味するサカーが、サカ・スキタイ人の民族名のルーツとされている[90]ので、すでにここで犬戎といわれている種族が、サカ・スキタイ人と混血していることを知ることができる。そして白というから、この犬戎はウルクの後裔であろう。

しかも周自体がシュメール＝犬戎であることは、七曜日の暦法が同一である点や、始祖后《コウ》稷《ショク》の名と姓、さらに『詩経[91]』大雅緜《タイガメン》の篇昌頭第一節から推定することができる。后稷は后が公、主の意味だから、シュメール語のエン、稷は五穀の意味といわれるが、畟は田に従うから地、すなわち五穀を生み育む大地という意味で、シュメール語の大地を表意するキに該当する。従って后稷はエン・キということになる。これはシュメール語の大地神のことである。また『詩経』大雅緜の昌頭には「緜緜たる瓜《クワ・カ》と瓞《コオリ》、民の初めて生ずる、沮漆《ソシツ》に土《オ》る自《ヨ》りす。」と歌われている。ひょうたんのように繁栄する周族は沮漆水流域で興ったということであるが、歌い出しの第一句は、通説では単なる美辞とされている。しかし私は瓜と瓞は瓠で、槃瓠《バンコ》を表象していると理解している。つまり犬である。「繁栄する犬戎・シュメールの周族」と歌っているのである。だから犬戎を襲ったという周自体が、槃瓠を祖とする犬戎だったのである。周が討った犬戎は白狼を崇め周に代々朝貢していたのだから、犬戎の一支、おそらく白で暗示されるウルクの後裔であったと思われるが、一方周は帝告の子后稷が始祖であるから木徳青龍の青で表象されるウル第三王朝の後裔であった。その姓は姫《キ》氏だが、ルーツはシュメール語の大地を表わすキと思われる。周の分国である燕、呉、晋、魯《ロ》もみな姫姓の同族だから、シュメールウル第三王朝後裔の東方名犬戎である。燕は神のエン、呉は銀のクーグ（句呉《クゴ》）、晋は鍛冶職のシムグかイビ・シン、魯は穂を出す前の蘆《ロ＝アシ》（ギの漢字表記）とすべて国名がシュメール語で読み解けることも、その傍証となるだろう。なお后稷が『准南子《エナンジ》』▼92に人面魚身無足とあるので魚・亀トーテムクランと解せるから、犬戎＝シュメールには魚・亀をも祖神とする観念があったとしてよいと思う。さらに伏義が父は雷神で、雷河から飛び出した犬といわれている（准陽の伝説）のであるから、東方に辿り着くまでにシュメールは、サカ・スキタイ人と混血していたわけである。従ってサカ・スキタイ人系を吸収した犬戎というべきかもしれない。

燕の後裔とみられる木徳青龍の高氏は、当然、犬戎＝シュメールのウル第三王朝末裔と推定される。先に述べた小月氏と推察される大己貴《オオナムチ》＝大国主《オオクニヌシ》、すなわち前一世紀ころの広矛をレガリアとする大物主の侵略を撃退し、和親した越のヌナ川ヒメ勢力も、高氏の犬戎である。北陸の新潟に、黒姫山がいくつもあるのは▼93、ミャオ語のクレが表意する「犬」の姫氏つまり高氏の根拠地の名残りである。その山の名はヌナ川姫の山と言い変えてもよい。ちなみに日本全国に数多く散在する白山は、金山（アルタイ山）の別名であるから、金山を根拠地とした諸氏族が倭国に渡来定着した名残りである。高句麗初代王朱蒙の母柳花も、大武神の母雉姫も、瓢を腰に下げて新羅に渡った瓠公と、美保の岬に舟でやってきたという少彦名《スクナヒコナ》も、すべて越、丹波の高氏すなわち犬戎＝シュメールのウル第三王朝後裔なのである。上記で高はミャオ語の金と犬を意味するko《コ》からくる名と指摘したが、その輝ける金色の犬の実相が、これであったのだ。ただし大和地方の葛城氏、尾張氏などは犬戎ではあるが、瓠と葛は木ではあるが異種であり、また氏族名も異なるから、別コースで倭国に流入した分支とみるべきだろう。それにしても数え上げれば切りがないほど、犬戎＝シュメールの末裔が倭国にひしめいていたのである。より正確に言えば、その犬戎がサカ・スキタイ人を吸収した犬戎＝シュメールである点は、上記の通りである。東方では、犬戎も月氏も出自は同じシュメール人とサカ・スキタイ人との混血部族であって、母系を主張すれば犬戎、父系を主張すればサカ・スキタイ人となるにすぎないのである。

さて、再び大物主に話を戻そう。月氏が中国資料に明確な形で登場するのは、前漢の武帝《ブテイ》が東西から匈奴を討伐しようとして、張騫《チョウケン》を大月氏国に使者として送った時からである。前一七六年ころ匈奴の昌頓単于《ボクトツゼンウ》に圧迫された月氏は二派に分離し、西方に転戦移動して前一四〇年ころに大月氏国を建てたものが大月氏と呼ばれ、南山《ミナミノヤマ》に残留した部分は小月氏と呼ばれている。大月氏の人間的形質は、発行された金貨のレリーフにみられるように堂々として大柄、多髭である。また小月氏は雲南、南越に南下して塞《サカ・ソク》人や胡と呼ばれているが、青眼赤髭の胡の風貌をしていたとされている。さらに残されたわずかな月氏語もペルシア語で読解できるといわれているから[94]、月氏は大柄で青眼赤髪多髭で、言語的にもイラン系アーリア人のサカ・スキタイ人の一派だったとみなされている。ついに匈奴に敗れた月氏であるが、冒頓（前二〇九―前一七四在位）の父が単于であった時には、冒頓は父に疎まれ月氏に殺されるべく人質に出されているから、月氏の方が圧倒的に強勢を誇っていたわけである。優勢時代の月氏は、大人、雷神、共工などとして資料に名を残していると思われる。なお『国語』魯語によると、大人は春秋時代の呼称である。

ところで月氏も大月氏国も他称であって自称は不明といわれているが、自称は「トカラ」だと私は考えている。「ト」はミャオ語すなわち月氏語の「子」を意味する語であり、それは湘西、広西のミャオ語の「道密《ダオミ》」の道《ダオ》の転訛したもので、道は「木」、密は「母」だから、道密は「母なる木」のことである。従って「母なる木の子孫」の表象がトなのである。「カラ」はシュメール語の「大」の意味のガルであるから、トカラは「偉大な母なる木、楓香樹の子孫」ということなのである。楓香樹を母なる木、祖神として崇める月氏の自称はこれ以外にないだろう。トカラこそが月氏の自称なのである。さらにカラを魚の意味のドラヴィダ・マラヤラム語のカラや、タミール語のカヤル（鯉）やカラ（海魚）とみると、トカラは「魚の子」つまり「魚亀族の子孫」という意味も合せ持つかもしれない。

それでは、他称である月氏とはどういう意味だろうか。月はおぼろげでよく分からないことと辞書には出ているが、本質的ではない。月は「ゲツ」と読まれるから、私は「マサゲッタイ」の「ゲッ」の音に由来すると考えている。ゲッに氏族の「氏」を付けて、マサゲッタイ＝マサゲタイ族の表象としたのである。ゲッに「月」が当てられたのは、彼らが月神ナンナルを崇拝していることを知っていたからであろう。月がシュメールのウル第三王朝初代王ウルナンムの崇拝したウルの守護神であることについては上記の通りである。ということは、マサゲタイ族がきわめてシュメール＝犬戎色の強い部族だということになる。

マサゲタイ族は、サカ・スキタイ人に属する一派で、その下位概念とみられているが、根本的思想はシュメールのものという意味で、シュメール＝犬戎を吸収したサカ・スキタイ人ではあるが、シュメールの先進的文化を受容し自らのものとした異色の部族といえるだろう。慕容氏の七支刀や歩揺冠前立ての木はその証左である。ちなみにスキタイの国に木は少ないとヘロドトスが記しているように、スキタイに母なる木の思想はない。なお紀元前後とされているノヴォチェルカスク出土の歩揺冠がスキタイのものとされているが、それはありえないことである。すでに前三世紀ころにはスキタイはクリミア半島にサルマタイによって封じ込められているから、黒海北岸内陸部のノヴォチェルカスクにスキタイ王墓など存在するはずがないのである。そうではなく、慕容氏か安氏の王がそこに居たということであり、伝世のレガリアが埋納されていたのだから、そこで王統は絶えたということである。

なお慕容氏は五行では水徳、辰（水）星、北、黒、玄武が配当されるが、玄武は亀であるからクの人シュメールを表象しているとみてよいだろう。水と辰《シン》＝振《シン・フル》は、パルティア・アルメニア的ゾロアスター教の水の女神アナーヒターと、彼女を母とする日神ミフル（ミトラのパルティア語）の表象である。景行五八（三四五）年条に志賀高穴穂宮《タカアナホノ》に居たとあるが、そのアナホがアナーヒターのことであるから、彼らは上記のゾロアスター教を信仰していたことが理解されるのである。また儁が白鳥《シロイトリ》で象徴されるのは、白鳥は鍛冶神という東北アジアの観念からくるものであり、慕容氏に鳥の付く名が多いのは、ペルシア人を表象するのが鳥であるからだろう。ただシュメールのラガシュの王権紋章のイムドゥグドがライオンあるいは犬の頭の鷲が雄鹿を二頭つかんでいるデザインであり、ラガシュ第一王朝の初代王ウルナンシェがウル第三王朝初代のウルナンムに酷似した名であるから、慕容氏の祖はウル第三王朝系のラガシュかもしれないと私は疑っている。しかしまた五行説の金徳の色は白、方角は西、肉は鶏ということにすぎないとも思われる。

マサゲタイは前七世紀にはスキタイ人をコーカサス、ウクライナ平原へと追って、中央アジアの覇者となっている。上記のアケメネス朝ペルシアのキュロス大王が北伐を開始した前五三〇年ころ、キュロスがおそらく帰属を求めて求婚してきたのを、マサゲタイの女王トミュリスが拒否して戦い、キュロスの首を血の海に沈めた武勇をヘロドトスが伝えている。勇猛な部族だったとも記している。しかしダリオス一世が即位した前五二一年の数年後にはマサゲタイはペルシアに帰属（ビーソトゥーン碑文）し、それ以降中央アジア史からその名が長らく消えてしまう。おそらくペルシアによって西方展開できなくなった前六世紀末にマサゲタイの主力が東方展開へと方針を転換した時、東方には強勢化しつつあった匈奴がいた。熾烈な匈奴との戦いに乗り出した時、彼らは当然にも西方の資料から姿を消したのである。そして東方の匈奴と対峙するようになった時、匈奴がマサゲタイを月氏と呼び、東方にその名で知られるようになったのではないか。従って月氏の名の成立は前六世紀末から前五世紀初めと推定される。ちなみにマサゲタイはギリシア人による呼称、つまり西方での呼び名である。

はじめは優勢だった月氏も、昌頓単于のころには匈奴に勝てなくなり、ついに前一七六年ころ西方移動する大月氏と留まる小月氏に分岐してしまう。広矛をレガリアとする前一世紀の大物主＝大己貴は、南山に残った小月氏の滇《テン》とみられる（遺物等より）が、テンはタミール語で南の意味だから、南の山に残った小月氏を滇という国名が表象していると私は考えている。大月氏はイリを経由して、パルティアのミフルダート一世がイラン高原東部からメソポタミアへと侵略の矛先を向けかえた時期に、パルティア東部をかすめてイラン高原のバクトリアに侵入し、当時セレウコス朝との間をパルティアによって遮断され衰微の一途を辿っていたグレコバクトリア朝（大夏）を倒し、前一四〇年に大月氏国（私見では自称トカラ）を建国する。

慕容廆の父とみられるスーレーン＝渉の安氏の祖アルサケスは、その一〇〇年ほど前の前二四七年に、セレウコス朝が中央アジアまで支配権を及ぼせない情況を捉えて、イラン高原へと南下し、やがてパルティアを建国している。その出自は、サカ・スキタイ人に属するマサゲタイ族の分派ダーハ族の一支パルニ族である。それは、東方で月氏と呼ばれたトカラ族とは異なる、西方に留まった一支であったが、マサゲタイ族としては同族であるから、大月氏はミフルダート王の認可のもとにパルティア東部を通り抜けたのではないか。当時のパルティアは、すでにパルティアンショットといわれる軽装備騎射戦法に、サルマタイと同じ重装備装甲騎兵による突撃戦法も加えた最強の軍事力でセレウコス朝のギリシア兵を圧倒し、前一四一年にメディアとメソポタミア平原の支配権を掌握していた。[95] そして、まさにその翌年に大月氏がグレコバクトリア（大夏）を打倒した。この連関から考えると、パルティアと大月氏は同族のマサゲタイとして共闘して、東西のギリシア人王朝を滅ぼすために戦ったとみるのが妥当と思われる。

パルティアは二二四年まで続くが、しかしアルサケス直系は一二二年に断絶し、以降素姓の知れない王の乱立と内戦にあけくれるうちに、アラン人とローマ人の侵攻を許し、やがてササン朝ペルシアによって滅亡しているから、マサゲタイとしてパルティアと大月氏国が共闘できたのは、一一年までとみてよいだろう。一一年ころの大月氏は、クシャナ侯が仕掛けた内戦の激化で揺れ動いていたと思われる。そのため、王朝を簒奪されようとしていたアルサケス家を救援する余裕もないまま、大月氏の休密自身クシャナと戦っていた中で、パルティアアルサケス王家は実質的に滅亡してしまう。力強い同族の盟友を失った休密の敗北は、この時決定的となったのである。マサゲタイ族中の二大氏族パルニ族のアルサケス王統＝東方名安氏とトカラ＝大月氏の休氏＝慕容氏は、ついに国を失い亡命移動して行くこととなったのである。パルティアアルサケス王朝は二五九年間、大月氏トカラ王朝は一八五年間の支配の後のことであった。

ところで匈奴によって流浪を余儀なくされ、またイリでは烏孫《ウソン》に追われた大月氏が、バクトリア（アフガニスタン北部）に侵入したのには、もう一つ別の理由があった。そこは水量豊かな河川に恵まれる豊かな穀倉地帯であり、またインドや中国への交通の要衝でもあり、古来ラピスラズリ等の鉱物資源にも恵まれた富める地であったのである。シュメール第一王朝のシュブロアド王妃や、他の王女像の首に巻かれた何連ものネックレスは、ウル王家出自を示す証しといわれているが、とりわけウル第三王朝の崇拝する月神を表象する青い貴石ラピスラズリのネックレスは、そのレガリアとされていたと思われる。それは宇木汲田や吉野ヶ里遺跡から出土する青いガラスの管玉《クダタマ》のルーツだと私は考えているが、シュメールにはラピスラズリはバクトリアからもたらされたといわれている。ウル第三王朝の後裔を特に主張する月氏が、そのことを知らないわけがない。しかもグレコバクトリアは、前一六三年からパンジャブ州に君臨し始めたミリンダ王の圧迫と、前一六〇年ころから始まるサカ人の流入の影響を受けて衰微の一途を辿っていた。そしてその隣りには、大月氏とは同族のパルティアが単なる遊牧王朝から最強の世界帝国への飛躍の一歩を踏み出していた。大月氏にとっては、まさしく奇跡のような千載一遇のチャンスだったのである。パルティアにとっても、東側を同族が確保してくれれば、何の心配もなく西方への侵出を遂行できる。これもまた願ったりのチャンスであった。マサゲタイの二派は、かつての栄光を取り戻すべく、共闘したのである。

2 大月氏国の内乱と敗者四侯の行く方

いわば理想の地に建国した大月氏▼96は領内を五部に分けて統治したが、前六五年ころには、その五部に傑出した主が現われて、貴霜《クシャナ》、休密、雙靡《ソウビ》、肸頓《キットン》、高附《コウフ》の五侯国が成立し、大月氏国を分立統治するようになる。それは五侯国時代と呼ばれている。はじめは平和共存していたが、やがて前二〇年ころクシャナ侯ヘラウスが、他の四侯国を支配下に置くことを企み侵攻を始めた時から、大月氏国は内戦時代に突入する。クシャナがその内戦に勝利し、四五年にカドフィセス一世がクシャナ朝を樹立したのは周知のことである。

クシャナが王朝を樹立したということは、他の四侯は敗北し、いずこかへと亡命して行ったということである。では彼らはどこに去ったのだろうか。

インドへの西北からの入口カブールは高附と漢字表記されるから、おそらく高附はカブールに去り、そこで国を建てたと私は考えている。しかしすぐにクシャナに滅ぼされた。

肸頓は契丹《キッタン》となったのではないか。カラキタイ族が万里の長城の東寄りにある熱河《ネッカ》地方から起り、唐末から強勢となり、唐王朝滅亡後族長耶律阿保機《ヤリツアポキ》が部族を統一し、唐に代って自ら天子の地位につき、大契丹国と名乗った（九一六年）とされているが、彼らはもと遼河上流のシラムレン河流域から興ったのに因んで国号を遼と改めたといわれている。であるならばあの慕容廆が父の仇として討とうとした宇文氏がまさにそこを根拠地としていたので、私はカラキタイ族の前身は宇文氏と推定している。カラキタイのカラは黒という意味であるから、北方を示唆する黒で表象される慕容氏ときわめて近い一派だったとみてよい。黒いキットンの意味のカラキタイ族は、中国資料では契丹と表示される。彼らはバクトリアから移動して中国東北部のシラムレン河流域を根拠地にした後、慕容氏に追われて熱河地方へと移動したが、やがて唐の滅亡に乗じて遼＝大契丹国を建てたと思われる。肸頓＝キットン＝契丹＝キッタン＝キタイと音が通じることも推定の根拠であることは言うまでもない。

雙靡はソグディアナに転戦したと推定できる。クシャナ朝がササン朝ペルシアに併合された二五九年ころから、ソグディアナの土着諸侯が自立し始め、五世紀ころから七世紀にかけてソグディアナ諸都市の連合時代を形成し、ササン朝、エフタル、突厥、隋唐の間を巧みに泳いで自治を維持したといわれている。[97] 代表的なサマルカンド、ブハラ等の九箇のオアシス諸都市の王族の姓がすべて「昭武《ショウブ》」だったので、中国資料は彼らを総称して「九姓昭武」と呼んでいる。彼らは月氏の子孫だとされているから、大月氏国の内乱に敗北した一侯の後裔であったことは確かである。そして雙靡＝ソウビはショウブつまり昭武に通じる。従って雙靡は、ソグディアナに去りオアシス都市群の諸王昭武になったとみてよかろう。

休密の休はミンチア語の金を意味するKyiであり、密はミャオ語の母であるから、正真正銘の大月氏である。そして慕容儁（ヤマトタケル）の二男とみられる仲哀の子忍熊《オシクマ》が休忍と呼ばれたことから、慕容氏の本姓が休氏別名金氏であり、また直接の祖が休密と思われることについてはすでに上記した通りである。それに付け加えると、字音が休氏で字訓が金氏である。なお通説では、五侯について大月氏であることは疑わしいとされているが、休密、雙靡、慕容氏に近い宇文氏の肸頓が大月氏であることは明らか（上記）であり、貴霜もその信仰するパンテオン（神々）からみて同様であるから、疑わしいのはむしろ通説の方であろう。ただし高附のみは高氏犬戎の可能性が高いと私は考えている。

さて休密の戦いと敗北に関係するとみられるのが、天山南路のオアシス都市クチャと莎車《サシャ》の動きである。四五年ころ莎車が数度クチャを攻め、ついにクチャ王を殺して王朝を簒奪し、自分の子を王として即位させたが、国人が莎車王の子を殺し匈奴に助けを求めて帰属すると、匈奴はクチャ国人の身毒《シンドク》をクチャ国王に擁立した。この事変が四五年というから、莎車がクチャを攻めたのは、クシャナが莎車と同盟し、休密がクチャと同盟していたためと思われる。大月氏国の内乱は一国内に止まらず、国外に波及し周辺諸国をも巻き込む大規模な戦いとなっていたのである。一時クシャナ側の莎車が勝利し休密側のクチャが敗れた時、クチャ王統一族は国を捨て朝鮮半島に亡命し加羅諸国を建国した。金首露らは、莎車に殺されたクチャ国王の王子達であっただろう。首露は主蘆（穂がでる前の葦）であり、シュメール語ではエンギとなる。またその本名悩窒青裔《ネジルチョンギ》の青裔は青すなわちシュメールウル第三王朝の後裔を表象する。ネジルは郷札（韓国式万葉仮名）でカシのことだが、タミール語の金を意味するカス Kācu あるいはカンナダ語のカス Kāsu に対応するから、要するに「金」である。それは、「青つまりシュメールウル第三王朝後裔の金氏」という名なのである。王族とは別に、家臣らはクチャに残留し莎車に抵抗して新王を殺し匈奴に保護を求めたので匈奴は身毒を立てたとされるが、そのことから身毒はクチャ王となりうる正統な資格を有していたことが理解される。すなわち金氏だったのである。その名がインドを思わせるから、『三国遺事』にある金首露にインドのアユダ国から船で嫁いできた許黄玉というのは、身毒の娘で身毒の故地アユダ国から、身毒がクチャ金氏王統宗家の金首露にクチャ王としての承認を求めて贈ったものと推測される。許黄玉は上記のように人名ではなく巫女のことである。クチャ本国は再び金氏王統に戻った（白＝金）ので、休密もとりあえずクチャに亡命後、故地金山を経由してひたすら東進し、祁連《キレン》山から青海湖を経て中国東北部の強固な権力の及び難い遼河下流域に定着したのだろう。やがて慕容廆の曾祖父莫護跋《バクゴバツ》が二三八年の魏の公孫氏討伐で軍功をあげて史上に登場するが、それ以降の慕容氏の動向については上記の通りである。

このように、クシャナに敗れ追われた四侯は、カブールへ移動後滅びた高附は別として、肸頓がシラムレン河の宇文氏から後にカラキタイ族となり、遼を建国し、雙靡はソグディアナに逃亡後、オアシス諸都市の王「九姓昭武」となり、休密は遼河下流域で雌伏の末に慕容氏として燕を建てた後、西方ではエフタルとして再び大月氏国の故地バクトリアへの帰還を果した。そして倭国では上記のように橋頭堡として二九六年に慕容氏＝安氏王朝を打ち立てた。死と再生の輪廻とは、あたかも彼らのことを言うようである。

なお大月氏がグレコバクトリア＝大夏を滅ぼし、そこを支配域としたという意味で「大」の字が付けられたとは言えなくもないが、一説にある大夏氏などというのは存在しない。ギリシア人が大夏という姓を持つはずはないのである。しかもそれは本質的ではない。大月氏の大は、大いなる木の子孫の表象としての大なのである。すなわち大月氏の自称トカラを表象する大なのである。

第五章

慕容氏と安氏の末裔
——広開土王とタリシヒコ〝聖徳太子〟

[1] 王の帰還——広開土王と仁徳

1 倭国からの旅立ち

広開土王とタリシヒコについての詳述は稿を改めることにして、ここではテーマを二、三に絞って論じてみたい。

上記のように広開土王は孝元の子として倭国に生まれ、高句麗王となったのち、国を棄て、倭国に転戦し仁徳として即位した。いわば故郷に帰り倭王となったのである。武に生きる人は、夢見る少年時代を味わう暇もなく、一足飛びに大人の世界へと突入して行く。その例にもれず、土王は一〇歳ころすでに戦場に立っていた。土王碑文には四一三年に三九歳で国を棄てたと刻まれているから、三七五年生れである。前燕が秦《シン》に三七〇年に滅ぼされた後の、慕容氏にとっては暗黒時代に生まれたわけである。主力の一部は故地金山に逃れたであろう。とはいえ、前燕最後の王慕容暐《イ》(ヤマトタケルの子)一族は美しかったので苻堅が愛し、殺さずその側に留めていたし、廆の兄を祖とする吐谷渾《トヨクコン》、倭国大和地方の安氏=慕容氏王朝も健在であった。さらに北魏の前身である代《ダイ》の昭成帝（在位三三八―三七六）の皇后と妃は、儁の姉妹と䳒の妹でもあったから、部衆の逃げ込む先については困ることはなかったと思われる。倭国の孝元の許にも、家臣が保護を求めて集まっただろう。そして彼らはやがて土王の兵力となったと考えられる。また秀いでた実力のため暐の母に暗殺されかけた儁の弟の垂《スイ》は、三六九年に苻堅の臣下となっていた（三八三年まで）から、おそらく垂の許にも前燕の残党が集結していた。

三八三年五月に東晋が秦の都襄陽を攻めたが、垂の策略で退却したことに調子づいたか、苻堅は八月、大軍を率いて東晋を攻めて惨敗し、単騎で唯一無傷の垂軍の許に逃げ込んだ。秦が東晋に敗れ周辺諸国が騒然となったその年末に、疑心暗鬼となった苻堅がスパイを垂の許に送り込んで発覚し、ついに垂は苻堅との対決に踏み切った。垂が三八四年一月に後燕王として自立すると、苻堅に愛された慕容沖《チュウ》も西燕皇帝を僭称し、長安の苻堅を攻めた。なお苻堅の下にあった暐は沖と内通したとして、一族もろともに殺害されている。こうした情況の中、垂は翌三八五年一月に慕容佐に命じて秦の薊《ケイ》を攻めさせた。

この慕容佐（「載記」）が「高句麗本紀」の帯方王の佐、別名談徳、広開土王であり『書紀』の仁徳であり『宋書』の倭讃であり、また『資治通鑑』晋紀の安同、『通典』東夷の句麗王安であることについては先に触れたが、ここでその論拠を記しておこう。――三八五年六月に苻堅に擁立されたとみられる高句麗王故国壌が、おそらく苻堅の指し金で垂のバック・グラウンドの遼東、玄菟を侵略した時、垂に龍城を任されていた帯方王の佐が配下を派兵し応戦させたが敗北して二郡は高句麗支配下に入った。そこで一〇月垂の子の農《ノウ》が出兵し勝利して二郡を直ちに回復した。といってもすでに苻堅が八月に配下の者に殺された後のことだから、苻堅の援軍も頼めず呆然自失の高句麗軍が敗れるのは目に見えていたことだが、垂は農を幽州牧にして龍城（朝陽）を任せ、慕容佐を平郭《ヘイカク》刺史として高句麗丸都城に近い遼河沿岸の平郭（襄平、今の鉄嶺市）を任せた。そして翌三八六年一月、高句麗では談徳が立太子する。帯方王の佐はその後二度と「高句麗本紀」に現われず、慕容佐は今や死に体の高句麗に近い地を任され、しかもこのころ垂に重用されて実力を示し功があったところから、帯方王の佐は慕容佐で、談徳へと転身したとみるのが妥当と思う。その後彼は三九二年に高句麗広開土王となっているから、帯方王の佐は慕容佐であり、談徳であり、広開土王である。土王はやがて四一三年に国を棄てるが、その同じ年に仁徳が倭王として即位したとされている。その名仁徳は五行説では五行は木だから、木徳で表象される高句麗王であったことが示唆される名なのである。つまり仁徳は土王ということの示唆である。また仁徳は『宋書』で倭王讃と記されているが、讃＝サンはヤオ語の金を意味するサムと解せる。サムはサ＝佐に他ならないから、やはり仁徳は慕容佐つまり土王である。ところで『通典』東夷では土王は句麗王安とされているから安氏である。とすると『資治通鑑』晋紀の「姓は譜」という安息王の子安同が浮上してくる。譜＝フは慕容氏の慕

＝ホに通じ、ササン朝によるエフタル（慕容氏の西方名）の呼称ヒヨーン人を表象する扶餘人（文咨王条）の扶＝フに対応するから、おそらく慕容氏の表象と思われる。安同は慕容氏でもあったので、三八六年に垂を動かして北魏道武帝を救う（後述）ことができたのである。こうした点から、土王は仁徳、倭讃であり、帯方王の佐、慕容佐、談徳、安同、句麗王安でもあったことが判明するのである。『通典』などからみて、当時の東方の一大帝国中国には、この程度の知識の集積があったということである。『書紀』においても、仁徳が初めて鷹甘部《タカカイベ》を定め、中央アジア起源とされる鷹狩りを楽しんだことが、仁徳四三（四二四年、月干支八月なら）年九月条にみえるから、彼が西方出自であったことは承知されていたと思われる。

三八五年一月に垂が佐に秦の薊を攻略させているということは、すでに佐が垂の下で軍将に足る資質をみせていた証拠である。そして垂が後燕を建国した三八四年には、佐は垂の許に倭国から馳せ参じ、頭角を現わしていたということになる。一〇歳での従軍であり、一一歳では軍将となっていた。土王は双葉より香ばしい白眉の武人だったのである。安氏の祖であるスーレーンがおそらく慕容氏の養子となったために、本姓安氏だが公称は慕容氏であるから、土王が安同と慕容佐の二つの名を持っていたのも不思議ではないのである。そして同は道密の道＝ダオ＝木、すなわち母なる木の表象である。また談も道に通じる。従って談徳は木徳の言い換えということになるから、仁徳と同義である。

安同すなわち談徳が高句麗で立太子した三八六年、北魏道武帝が即位する。しかし親族が謀反を計画していたことを知り母の実家賀蘭部《ガラン》に逃げ、遼東の安同と長孫賀を垂の許に遣わして救援を求めさせたところ垂は安同に案内させ、息子を出軍させたので事態は収終した。道武は、祖母の血脈に連なる垂が高句麗に慕容氏安同を送り込み、そして期待にたがわず安同が故国壌を傀儡化していたことをすでに知っていたのである。当時道武は一六歳で、安同は一二歳と年令も近く、しかも安同は道武にとって命の恩人でもあったから、二人は長い間信頼し、親交していたと思われる。

2 四〇九年の怪

しかしやがて道武帝と安同つまり広開土王の離間する時がやってくる。道武は晩年病気がちとなり猜疑心を募らせていた折から、四〇九年に、今年逆臣が現われ流血の惨事が起きるという占者の予言に煽られて、前漢の劉邦のように理由もなく次々と臣下を殺し始めた。そうした中で、以前一度道武帝の暗殺未遂事件を起こした前歴のある道武の従兄の儀《ギ》が、身の危険を感じて七月に逃亡を企てて捕まり、殺害されるという事件が起った。その時同時に、なぜか道武は前燕滅亡後その武と義によって人望のあった儀の許に保護を求めて集まってきていた慕容氏一〇〇余家をも皆殺しにしてしまった。▼98 慕容氏の土王に対する見せしめのような道武のこのふるまいは、二度と修復のきかない離別、敵対の宣言であり、同時に土王への宣戦布告でもあった。

この時土王はどうしたか。「高句麗本紀」には、同年七月、国の東に六城を築き、平壌に民戸を移して、八月王は南巡したと記されている。民戸を移すとは遷都であり、南巡とは南の倭国に転戦したと解釈できるから、土王はこの時、平壌城に王都を遷し、倭国に移動したのである。

この平壌城とは、かつて東川王が魏軍に王都の丸都城を破壊された後、高句麗復活をかけて築いた南平城の平壌城である。論拠を示す。中川王から美川王時代まで破壊されたまま放置されていた王都の丸都城は、故国原王が三四二年二月に修復し、八月自ら移り住んだのもつかの間、一〇月に慕容皝に侵攻され再度破壊しつくされてしまう。そこで彼は翌三四三年七月に平壌の東黄城に移り住むが、「本紀」はそれを「西京の東の木覓《ベキ》山中（不明）にある」と記している。この平壌の東黄城は、東が東方、黄が黄海南道の表象と解せるので、「東の黄海南道の地にある城」を表意する。また「西京＝平壌の木覓山」は、覓が「探し求める」という意味（『大漢語林』）だから、木覓山とは山の実名ではなく、「木つまり木徳の高句麗東川王高氏が王都として探し求めた山」ということになる。それは長寿山遺跡のある黄海南道載寧郡の南平壌といわれる長寿山であろう。その山中にある平壌の東黄城とは、東川王の築いた南平壌の平壌城（第二章参照）に他ならないのである。それは故国原の居城で、彼の王都は丸都城を修復した同年同月に築城された国内城である。そして故国原の次の小獣林、故国壌ともに遷都条項はなく、土王の上記の平壌遷都に続くのだから、故国原三四二年から土王の四〇九年七月までの王都は一貫して国内城だったと推定されるのである。なお故国原以前の中川王から美川王までの王都は、国内城もまだ存在していなかったから、国内の地の尉那厳城であったと理解される。

のちの長寿王が平壌に遷都したと「本紀」四二七年条に記されているのは、四一九年五月大水で表象される、おそらく前年の四一八年に北魏に大敗した北燕王馮跋《フウバツ》のクーデターによって、長寿王が追われ国外に逃亡していた間に、馮跋が国内城か龍城で高句麗を支配していたのを、長寿王が奪回し、平壌城に復帰したということであろう。馮跋は小林恵子氏の指摘のように、『宋書』本紀、夷蛮ともに四二四年条に高句麗王として冊封したと記されているにもかかわらず、「高句麗本紀」が消している高句麗王と思われる（後述）。陽原王が五五二年に築いた長安城（集安）に遷都したのは平原王で五八六年のことだが、彼は東突厥木杵可汗《ムカンカカン》に擁立された王のため、東突厥（木杵死後は沙鉢略《シャハチリャク》）と通交し易いために選ばれた王都と推量される。次の嬰陽《エイヨウ》王六一二年条にみられる隋の煬帝の高句麗討伐ルートは、鴨緑江の西から川を渡り、「ついに東方に進み薩水《サッスイ》（清川江）を渡り」、平壌城から三〇里の所に到ったというものであり、また隋軍は疲れ、平壌城が堅固で陥落させ難いのを知り、高句麗の策略にも翻弄され追撃されたため、薩水→鴨緑江→遼河と西へ西へと退却、大敗して引き上げたと記されていることから、平壌城は集安ではなく南平壌にあったと推定されるのである。要するに平壌城は一貫して南平壌城だったのであり、集安にあるのは長安城で、それは平壌城ではない。平壌城集安説は誤解である。

土王は四〇九年七月、故国原以来の王都国内城から、東南の平壌城に遷都したのである。それは敵対者と化した北魏道武帝の高句麗侵攻の可能性を察知しての東方への遷都なのである。そして土王は翌八月高句麗の直面する危機を回避するために高句麗を去り、ひとまず故国の倭国に身を移した。情勢は緊迫していたが、しかし北魏が高句麗に侵攻してくることはなかった。それどころか、一〇月に道武が愛妃賀氏の息子に暗殺され、不可解なことに同時に後燕王高雲が近習に暗殺される事件が起った。異常事態である。同時に起った二人の王の暗殺事変には何らかの関連があると、政治的直観力のある者なら誰しも考えるはずである。道武が死んで、なぜ高雲が殺されるのか。それは、道武の死の原因を高雲が作ったからであろう。

賀氏との間に生まれた子が道武を殺したのは、道武がその夫を暗殺までして後宮に入れた愛妃賀氏を突如幽閉し、殺そうとしたためである。愛が憎しみに変わる原因は裏切りである。では賀氏が裏切ったのか。そうではない。高雲である。高雲がざん言したのである。なぜか。道武の皇后は慕容宝《ホウ》の娘であるが、高雲も三九七年に北魏の侵略時に宝を救った功によって宝の養子となっているから、道武の皇后と高雲は義理の兄妹の間柄である。従って皇后を介して高雲が道武に内通することは十分考えられることである。高雲は、道武が晩年病的に疑ぐり深くなっていたことも義妹から聞き知っていたであろう。いやそもそも高雲が内通し、ざん言を繰り返して道武の猜疑心を助長したのかもしれないと私は疑っているのだが、ついに高雲は占者に逆臣と流血の卜占《ボクセン》をさせて、常軌を逸した道武の猜疑心を煽り、おそらく道武の耳元で、土王が賀氏と組み、儀の許に集まった慕容氏を蜂起させて道武を殺し、賀氏の子を即位させようと企んでいるとささやいた。讒言《ザンゲン》である。高雲にとって道武の寵愛する賀氏の子が立太子することは脅威であったはずである。なぜなら義妹を利用し、外戚として道武を操るという高雲の野望が潰え去るからである。しかも賀氏の子はすでに一六歳となっており、いつ立太子されてもおかしくない。また土王は後述のように高雲にとって不具戴天の仇敵であった。そこで高雲は、土王と賀氏母子を一挙に葬りさるための奸計を案出し、罠を仕掛けたのである。賀氏の失脚と、道武と土王の離間、さらに道武による土王討伐を誘発するための悪魔のささやき——策士高雲の讒言は効果抜群であった。愚かな道武は簡単に罠に嵌ったのである。この様に私は推察している。

では高雲は、なぜ土王を心底憎んだのか。ヒントは童謡にある。「載記」には、三八四年、慕容垂が後燕を建国した時流行したという童謡が記されている。——「一束の藁《ワラ》が頭の左右に生えた禿頭の子供がやってきて燕を滅ぼす。」後燕最後の王高雲は宝の養子だから、立て前は慕容氏だが、本姓は高氏であるから、その即位は高氏による慕容氏王朝の簒奪に他ならない。従って燕を滅ぼす子というのは高雲のことである。禿頭とは唐子《カラコ》頭のことだろうが、俗字の藁には高句麗高氏を示す高と木の他に艹がある。艹は艸で「艸付《ソウフ》応王」（艸付はまさに王たるべし）の卜占を受けた苻氏の表象と思われる。ところで稲のワラは木が禾となるが、禾は倭国の表象であろう。倭国の苻氏は応神である。なぜなら応神という諡は、苻氏の代名詞である艸付応王、の王を、神武を表象する神に変えただけのものと考えられるからである。応神は苻氏とみてよい。その応神は忍熊を滅ぼしているが、忍熊に遺恨を持つのは苻堅ではなく苻洛である。かつて秦の苻堅の従兄苻洛は、苻堅の軍事を荷い幽州刺史として多大な貢献をしたにもかかわらず報われなかったことに業を煮やして、三八〇年、反旗を翻そうと企み、鮮卑、烏丸《ウガン》、韓三国、休忍に救援を要請したが、いずれにも拒絶され、単独で挙兵し敗北して流罪にされた過去を持っている。休忍とは忍熊の別表記であることについては上記の通りである。また苻洛がその後死んだとは「載記」にないのでおそらくいずれかに亡命したと推定される。とすれば再起を計るにあたり、かつての遺恨をはらすのは常道であろう。そして最も狙い易いのは、権力基盤の弱い休忍である。倭国に現われた苻洛が忍熊を滅ぼしたことは明白なのである。応神は苻洛だった。従って倭国の苻氏とは、倭王応神に転身した苻洛と言ってよい。苻洛は応神二〇（三八二）年に、阿知使主《アチノオミ》父子一族郎党を率いて来倭したが、その苻洛応神の血脈がある高氏ということを藁が表象しているのである。なお応神二〇年は、前年の一九年の月干支が三八一年に該当することから三八二年と割り出せる。しかしこの解釈ができないために、今まで誰一人阿知使主父子を正しく位置づけられなかったようである。

『資治通鑑』は長寿王高璉を故国原の曾孫とし、「高句麗本紀」は高雲の祖父を高和としておりくい違っているが、高和が三男以下だから高氏璉の父が高雲で、祖父が高和、曾祖父が故国原とみる意見が妥当と思われる。その高璉は三九四年生れである。そしてこの年こそがキーポイントである。三九二年高句麗では、高氏故国壌（故国原の直子）が土王に王朝を簒奪されたため、おそらく、故国原の孫の高雲は恨みをもって三九二年に高句麗を去り、倭国の応神の許へ亡命した。その証しが、藁の束の歌に暗示されている応神の娘との結婚であり、そして高璉が生まれた。このように推定してよいだろう。高雲自身にも苻洛の血脈があるとすれば、母が苻洛の妹の可能性もある。さらに、そもそも父高和の母が苻氏だったことを「高句麗本紀」四〇八年条が示唆している。それによると、高和は帝告高辛氏の後という高句麗王族であるにもかかわらず、顓頊《センギョク》高陽氏の後裔を自称していた。顓頊の後裔といえば、いにしえの秦である。苻堅もその後裔であったため国号を秦としたのであろう。とすると高和は秦の後裔である苻氏の血脈をもつと自称していたことになる。おそらく母が苻洪の娘あたりだったのだろう。つまり故国原が苻洪の娘を娶っていたということである。さらに高和―高雲―高璉は絶えず苻氏と通婚していたことになるから、苻氏、とりわけ苻洛との結びつきはきわめて濃厚だったと推測される。とにかく高雲にとって、応神は義父であり、また伯父の可能性さえあり、しかも祖母まで苻氏であった。その応神も、祖父故国原の子の高句麗王故国壌も、慕容氏広開土王によって滅ぼされた高雲が、土王を深く怨み、報復を画策したのも当然の帰結ではあったわけである。なお話は前後するが、高雲の子高璉（長寿王かつ倭王安康）が倭国生れの倭人であったことも、先の考察から明らかであることをここに付記しておきたい。おそらく高璉は応神の宮で育った。

高雲は、三九四年（『紀記』）の応神の百済遠征に従軍し、三九六年に土王に惨敗して倭国に戻った後、応神とは別コースで半島に渡り、苻氏と縁のある慕容垂《スイ》の子宝《ホウ》の下で功を挙げ、養子となった後、宝の死後は応神と共闘する盛《セイ》にも仕えたが、その死（四〇一年）後、再び応神に従軍して百済の北で土王軍と戦った結果決定的な敗北を喫し、四〇五年三月とみられる応神の死（「百済本紀」）を看取った後、北魏の道武帝の皇后であった義妹を頼り、その口利きで道武に内通したと私は推測している。四〇七年に後燕王慕容熙《キ》を殺して、高雲が後燕王となった時の後援者も、道武帝だったのではなかろうか。馮跋《フウバツ》が高雲を擁立したとされているが、熙によって些細なことで追放された臣下の馮跋が、王を擁立できるとは到底思われない。せいぜい軍事等の一端を荷う程度が関の山だっただろう。より大きな北魏の力が背後に働いてはじめて、正系の王統にない高雲が後燕王になりえたとしか考えられないのである。「高句麗本紀」四〇八年三月条に、土王が使者を送り宗族に叙したので、高雲が返礼の送使をしたとされているが、高雲を擁立したのが道武帝だったために、土王は、応神側で土王に刃向った敵対者高雲を、しぶしぶ承認する他なかったのである。

道武の乱心の原因が高雲にあることを、土王はおそくとも四〇七年には把握していただろう。土王が高句麗を去った二ケ月後に高雲は近習に暗殺されているが、おそらくこれは土王の意趣返しであったと思われる、土王は高句麗を去るにあたり、馮跋と同盟し、後燕と北魏に対する内密の報復を任せた。高雲と道武の殺害である。高雲の近習には馮跋が手を回したと思われる。道武の宮中の官宦《カンガン》を抱き込み、賀氏の息子が復讐する手助けをさせたのも馮跋であろう。北魏に内通する高雲の配下の重鎮として、馮跋は北魏の宮中深く入り込んでいたはずであるからである。その代償はおそらく次の後燕王位だった。土王は馮跋を後燕王に擁立する約束と引き替えに、道武と高雲二人の暗殺を馮跋に任せたのである。土王の倭国への転戦は、そのカモフラージュの意味もあったかもしれない。

土王が倭国に去った四〇九年八月から、国を捨てたという四一三年まで高句麗本紀は空白となっている。

3 淡路島に死す

四〇九年八月に南下した土王は北九州をスムーズに通過した。上記のように、すでに四〇二年に日向の髪長ヒメ＝秦氏勢力と同盟していたからである。吉備勢力も容易に支配下に置いたことは、吉備の御友別《ミトモワケ》の妹兄《エ》ヒメを妃として同行させていることから明らかである。そして淡路島を支配下に置きつつ、紀ノ川を通って、大和の葛城の息子開化と共闘について連絡し合っていたと思われる。四一三年に息子興の即位式出席のため一度高句麗に戻った土王は、自身が擁立した実聖の新羅を通って帰国した後、高句麗は興に任せて、本格的に倭国の征服に乗り出すために、応神戦で功のあった現地勢力のソツビコとまず同盟した（四一四年）。近畿地方には、応神の子菟道《ウジ》と高雲の子高璉が勢力を保持していたためである。

ところがその年高句麗では、高璉が少年王興を攻め、追放して長寿王として即位したため、興は土王の許へ撤退した。土王は興とソツビコを伴い、高璉と同盟する直支《トキ》王の百済を攻めたが、その戦いに新羅実聖王は援軍を送らなかったことが、「新羅本紀」から読み解ける。そこで土王は、百済侵略は続行しつつ、背信の新羅王実聖から王位を奪い興を立てることへと方針を転換した。すると加羅を介して実聖と親交していたとみられるソツビコが、新羅侵攻への出兵を拒否したため、同盟は決裂した。私はこのように推測している。『書紀』はそれを、ソツビコの娘の「皇后」イワノヒメの死として記しているが、その年は仁徳三五年とされているが、仁徳三七年が月干支一〇月から割り出される三一八年に一〇〇を加えることで四一八年と判明するから、結局四一六年である。そこで土王は、高璉が高句麗に去って単独となった菟道と和親し、その証しとして菟道の妹八田《ヤタ》皇女を娶ったが、この和親は二人の思惑の相違により、すぐに決裂する。土王は、当然高句麗王であった自分に菟道が帰属し、譲位するものと考えていたが、情勢に疎い菟道は、自分の倭王位を承認されたと勘違いしたのである。待てども譲位しない菟道に痺れをきらした土王は、菟道朝を武力で倒すべく、四一七年九月、淡路島で出撃態勢に入った。『書紀』はこれを応神二二年条に記しているが、応神二五年を百済直支王の没年としているので、逆算すればそれは四一七年のことと理解される。圧倒的な武力を背景として、土王は、菟道に譲位を勧告する書簡を送り付ける。それについては、高句麗王が倭王に教えるという書状を送ってきたと応神二八年九月条に記されているが、応神元年が三九〇年なので、これもまた四一七年に該当する。つまり応神二二年も二八年も、同じ四一七年なのである。この甚だしい時系列の混乱は、最も重要な、従って『書紀』が秘匿すべき事変において繰り返される常套の騙しの手法であるから、とりわけ賢明に対応する必要がある。先に進もう。

土王の圧倒的な軍勢を前に死を悟った菟道は、自殺して果てる。その時妹を後宮に入れるよう頼んだとされている（仁徳即位前紀）が、それは先王の王妃を娶って王の正統性を保障する習俗に即したものであるから、菟道は妹を皇后としていたものと推測される。ここで菟道は最近親婚を尊ぶゾロアスター教を崇拝していたことが判明するのだが、要するに菟道は、わが皇后であった妹を皇后とすれば王位を継承できると言ったのである。ちなみに土王は仏教を崇拝していたらしいことが「高句麗本紀」に記されている。ただしそれは、平壌に九寺を建てたというにすぎないものであるから、ゾロアスター教を表意する妖教《ケンキョウ》の寺院であったかもしれず、軽々に仏教崇拝者とは断定できないかもしれない。

土王が倭王仁徳として実際に即位したのは、国見《クニミ》の条の仁徳七年すなわち四一九年（月干支＋一〇〇）である。その年に、すでに娶っていた菟道の妹八田皇女が立后した。これは仁徳三八年条に記されているが、三七年の月干支が一〇月であれば三一八年に当るので、一〇〇を足せば四一八年となるから、仁徳三八年もやはり四一九年である。『書紀』は四一三年即位と記している立場上、何とか誤魔化そうと必死なのである。

菟道の死から即位まで二年間を要しているのは、その間に土王が新羅実聖朝を倒して興の訥祇朝を擁立し、また百済の高璉勢力直支王朝を倒すべく大攻勢をかけていたためである。四一七年には興が訥祇として新羅王となり、四二〇年には百済に幼く柔順な久爾辛《クニシン》王を擁立する。残る敵対勢力は高句麗であるが、高璉長寿王はこれまでにない強敵であった。上記のように彼は土王に父高雲、外祖父苻洛応神、叔父の菟道などを殺され、怒り狂う復讐鬼と化していたのである。

高璉は、四一三年に土王の後を継いだ興を翌年襲い追放して高句麗長寿王として即位したが、その後四一九年まで「本紀」には所在不明であるから、彼は頼りない倭国の菟道朝を補強するため倭国に戻ってきていたと私は考えている。四一七年九月の淡路島での戦いの時、そこに麋《ビ》鹿《カ》などが多くいたと『書紀』は記している。麋はへら鹿やトナカイのことだが、女性が淫乱な時に出現する動物とされている。女性の淫とは、允恭《インギョウ》紀にある木梨軽皇子《キナシカルノミコ》とその同母妹の密通のことであろう。「木」は木徳の高句麗高氏、「梨」は連理の木であるから「璉」、「軽」は古代韓国語の双子つまりこの場合、倭人かつ高句麗人をそれぞれ表意すると考えられるので、木梨軽皇子とは高璉のことと推定できる。菟道がそうであったように、高璉もまたゾロアスター教の最近親婚の範疇にあったのである。従って麋の存在は、高璉が淡路島に侵攻し、土王と戦ったことを暗示しているのである。だが高璉は土王に敗れた。そのため菟道は自殺に追い込まれたのである。ここでまた一つ高璉の怨みが加わった。叔父の菟道が死に、倭国での確かな根拠地を失った高璉が高句麗に戻った直後の四一九年条に、東部に大水が出たとあるのは、前年の四一八年に北魏に大敗した北燕の馮跋が高句麗に侵入し、東部つまり東の平壌城を奪い王朝を簒奪したということであろう。「高句麗本紀」はこれを隠しているが、高璉は高句麗を追われたのである。おそらく馮跋は倭国の土王に長寿王朝の簒奪を事前に承認されていたと私は考えている。

しかし馮跋は、その時高璉を殺すことには失敗した。ということは、必ず高璉は倭国の土王仁徳を殺しにやってくるはずだ。土王はおそらくそう考えた。そしてすぐに臨戦態勢に入った。応神三一年は、二八年が四一七年であるから四二〇年に当たり仁徳時代であるが、枯野という応神の船が朽ちたので薪として燃やし塩を作り諸国に配布した代償として五〇〇の船を造らせ、摂津の武庫水門《ムコノミナト》に集結させた時、新羅使者が失火し船をかなり焼失したので新羅王訥祇が良質の船大工を送ってきたとされている。失火で燃えたにしても五〇〇もの船を造らせたというのは、迫り来る海戦を想定して準備に入ったことを示唆するものと解される。また訥祇との意志一致もなされていたことも読み取れる。さらに馮跋も高句麗から救援に駆けつけていた。それは仁徳一二年条から推定されることである。一一年が四二三年に該当するので一二年は四二四年であるが、七月、高句麗が鉄の盾と的を持って朝貢し、八月高句麗の客等を宴でもてなしたというものである。客とは王族をいうから、四二四年ころの高句麗王馮跋がその客に該当する。鉄の盾と的は武器の表象であるから、四二四年に高句麗から土王仁徳を救援するために、馮跋が武器を携え、兵士を率いて渡来してきたということになる。これに対応するのが「高句麗本紀」四二四年二月条である。新羅が国交を求めて送使してきたので、使者を特に丁重に慰労したとされているが、特に丁重に慰労したのは、その使者が王族であったためであろう。おそらく訥祇王自身が訪れたと私は考えている。国交を求めて来たというのも含みを持たせていると思われる。単に国交を求めたのではない。『宋書』の本紀と夷蛮がともに記している「宋による高句麗王としての承認」を伝えることが主目的で、訥祇は来訪したのである。しかも訥祇は土王仁徳の代理として、それを伝えにやって来た。「高句麗本紀」にはないが、『宋書』には高句麗が四二二年、四二三年、四二四年とたて続けに送使してきたと記されていることから、おそらく土王が倭国から馮跋の代りに高句麗王として宋に冊封を求めて送使し続け、そしてついに四二四年の承認を取り付けたと推測されるのである。馮跋が土王を救援する代償が、宋による馮跋の高句麗王としての冊封であったのだ。訥祇がそれを伝えたので歓待されたのである。そしてこの時、仁徳土王と訥祇と馮跋が同盟し共闘して、高璉勢力軍と戦うことが決まったのである。

　倭国内の土王軍には、当然にも開化が参戦し、意外なことに、老いた武内宿禰《タケシウチノスクネ》も参戦した。その証拠は、仁徳五〇年三月条である。三月朔壬辰とされているが、二月なら四二四年に当り、壬辰が壬申の誤記とすれば、やはり四二四年である。その時土王仁徳が武内に、倭国で雁が子を産むと聞いているかと尋ねると、武内が、そのようなことは論外です。倭国で雁が産卵するなど聞いたことがありませんと答えている。渡りの雁は倭国では産卵しない。その雁に、武内は高璉を重ねたと私は考えている。大丈夫です。雁のように、高璉が倭国に根付くことはありませんよ。武内は、迫りくる四二五年の高璉との淡路島決戦において、土王が勝利すると励ましているのである。この条については、武内の倭王位に対する欲望の有無を仁徳が試したという説もあるが、誤解である。雁《カリ》＝軽《カル》は木梨軽高璉の表象である。

四二五年九月、両軍は淡路島で激突した。奇妙なことに、この海戦は允恭一四年九月条に記されている。しかし九月朔癸丑という月干支が、ためらいもなく四二五年を示している。その条は次のようなものである。「麋鹿、猿、猪が入り乱れて山谷に満ち、炎のように起《タ》ちハエのように騒いだ。」ハエの騒乱は介蟲の孽《ゲツ》といい、木が金を損なう時に生じるとされることについては上記した。この場合木は高璉、金は金氏訥祇に表象される土王軍である。あるいは、佐《サ》＝金の別名を持つ土王仁徳とみても結論は同じことになる。この呪術的な隠喩によって示されるのは、山を覆い尽くすほど多くの高璉勢力軍が土王軍に襲いかかり、戦火が上がり、両軍が入り乱れて戦ったということである。終日戦っても決着がつかないので卜占すると、島の神に真珠《シラタマ》つまり真珠《シンジュ》を祀れば終わると出たので、海人に真珠を採らせて奉納すると収束したと記されているが、白は白人種の安氏・慕容氏、あるいは五行説では西は白が配当されるので、西方出自の安氏・慕容氏を暗示すると考えられる。珠《タマ》は頭、王の意味であるから、真珠は安氏・慕容氏の仁徳土王を表象し、仁徳土王が敗北したことをこのエピソードが暗示しているのである。

土王仁徳は、四二五年九月一二日（『書紀』）、淡路島で長寿王高璉と戦い、敗れて死んだ。仁徳の没年を、『古事記』は四二七年（年干支）とし、『書紀』もまた四二七年（月干支、一〇月が七月なら）としているが、それは死の公表された年にすぎない。

　孝元の子安同は、倭国に生まれ、旅立ち、高句麗広開土王となった後に、再び倭国に戻り、倭王仁徳として四二五年九月に、淡路島で死んだのである。享年五一。その名の慕容佐《サ》と、母なる木《キ》の「道《ダオ》」を示唆する名の安同あるいは談徳、つまり仁徳の名残を留める淡路島のイサナギ（伊弉諾）神宮（兵庫県淡路市多賀）は、彼の宮であり墓所であると私は考えている。上記の経緯からみて、おそらく土王は倭に戻った四一三年に淡路に宮を立て、ウジを滅ぼした四一七年に難波高津宮《ナニワノタカツノミヤ》に移り、二年後にそこで即位した。また大阪府堺市の大仙陵《ダイセンリョウ》は、土王が没した数年後に、息子の反正と開化が改葬したものと推察される。

②タリシヒコ〝聖徳太子〟の父母の実名と、太子を殺した者

1 軍将――彦人の実像

押坂彦人大兄《オシサカノヒコヒトノオオエ》ほど、存在の稀薄な人はいない。敏達《ビタツ》の太子とされながら、即位することもなく、だからといって死んだとも記されていない。そこで実在の疑われる人物と考えられがちであるが、少々待って欲しい。実在したことを秘密にしなければならないほど重要な存在、あるいは危険な存在であった可能性もあるからである。彼について語る時、『書紀』はあまりにも寡黙であり、また異常に不合理である。それが、増々疑念をかきたてる。少し詳しく検討してみよう。

母は広ヒメで敏達四（五七五）年一月に立后し、彦人と女子二人を生んだとされているが、結婚後一〇ケ月で死んでいる。しかし前妃とも元妃とも記されていないから、子を、しかも三人も生めるはずがない。怪しいのはそれだけではない。なんと彦人はまだ生まれてもいない敏達元（五七二）年にすでに登場し、父から、大臣馬子と共に、五七〇年四月に来倭した高句麗

使者とされる者の近況を問われている。さらに先の五七五年の二月には、再び敏達が、彦人と馬子に任那復興を怠るなと命じている。まだ生まれてもいない子にどうやって命令できるのか。こうした点からみると、彦人はそもそも子供などではない。また任那の復興は新羅との戦いの別名として使われる常套文句であるから、この場合も、新羅の侵攻を予想した敏達が、撃退せよと彦人と馬子に要請したということであろう。新羅を撃破せよと要請された彦人は、当然軍将である。もちろん敏達との親子関係などありえない。それが倭国の大臣とともに戦闘を命じられたということから見えてくるのは、馬子の率いる倭国軍が弱体であるために、援軍を彦人に要請したということである。五七二年当時、新羅軍は百済を侵略し、大敗させていることが同年条の「百済本紀」に記されており、しかもその後五年間百済王は所在不明となっているから、相当手ごわい相手であったと考えられる。その防戦のために援軍を要請する先は、アジアにその名の轟く強力な軍事大国のはずである。しかも彦人に依頼すれば救援軍の派遣がなされるということであるから、彦人は単なる軍将ではなく、出兵命令の出来る立場の人、すなわち王でなければならない。そもそも「彦人」とは、「王である人」という意味であるから、なるほどそのものズバリである。

　五七五年に新羅が倭国に侵攻してきたことは、『八幡宇佐宮御託宣集』▼[99] 薩巻裏書《ウラガキ》から窺い知ることができる。新羅軍が大宰府から播磨明石まで攻め上がり焼打ちしたが、この時霊神が人を給わった。このようにそれには記されている。この霊神が彦人であり、人を給わったというのは、救援軍を送ってくれたので撃退できたということである。『書紀』には、新羅が翌年の五七六年六月に例年以上の貢物をもって朝貢してきたとあるから、倭国侵略に失敗した新羅が謝罪のために送使してきたわけである。敗れた新羅真興王が、五七六年に僧となって死んだと「新羅本紀」にみえるので、彼はその敗戦の責任を取らされて、頭を丸め自死したため僧衣を着せられ葬られたと考えるのが妥当である。

新羅の侵攻を撃破した救援軍というのは、敏達三（五七四）年に越に到着した高句麗使者の一団と思われるが、彼らの来倭の初回は蘇我稲目《イナメ》が死んだ五七〇年三月の翌月であり、しかも海路を迷い漂着している。二回目の五七三年にも、再び漂着しているところから、本物の高句麗の使者とは考え難い。高句麗使者なら、古代から通いなれたコースを知っているはずであり、迷って漂着などするはずがないだろう。新来の国の使者だったから、何度も迷ったのである。

その「高句麗」と偽名が被せられた使者の素顔を解き明かす鍵は、『隋書』六〇〇年条が与えてくれる。『隋書』東夷六〇〇年条には、倭王タリシヒコが朝貢してきたと記されており、その「本紀」には、突厥、高句麗、契丹が朝貢してきたとみえるが、タリシヒコとしては初めての、突然の朝貢であるから、このころ倭王として即位したか、あるいは即位しようとして、隋にその承認を求めて送使したということであろう。「本紀」に倭国の名がないから、上記三国のいずれかの王であった人物と推測されるが、そのタリシヒコという名は、景行等の謚中の足彦《タラシヒコ》=帯日子に対応すると考えられる。それは慕容氏の王の表象である。「タリ」の語源の一つにタミール語由来のターライ=山があり、慕容氏の山といえば金山だが、この時代の金山は突厥が牙庭《ガテイ》（根拠地）としていたので、タリシヒコという王名は「金山の王」つまり「金山を根拠地とする突厥の王」を表象すると理解される。さらにタリ=タルは韓国語の月でもあるか[100]ら、タラシは「月氏」を表意する。そして大月氏が崇拝する戦闘神はティールであったから、タラ、タリ、タルの究極の語源はこのティールだと私は考えている。従って以上から、タリシヒコは大月氏の神名を取り込んだ名を持つ慕容氏（エフタル）出自の突厥可汗ということになる。出自が突厥でないこの時代の突厥可汗といえば、西突厥シルジブロスの娘婿とみられる[101]達頭《タルドウ》以外に考えられないから、タリシヒコは西突厥可汗達頭と推定してよいだろう。『隋書』本紀の「突厥」がそれである。その達頭が派遣した西突厥軍こそが、「高句麗使者」の実像であった。そして彦人は、達頭西突厥可汗、倭名タリシヒコのもう一つの名だったのである。

彦人の名は崇俊朝には消え、代わりに厩戸豊聡耳皇子《ウマヤドノトヨトミミノミコ》が物部守屋討伐戦の時から登場するが、彦人が厩戸であることは、炊屋《カシキヤ》ヒメの子とされるウジ皇女が東宮聖徳に嫁し、小墾田《オハリダ》皇女が彦人に嫁したとされている[102]ところからも証明される。東宮聖徳は厩戸豊聡耳聖徳太子の省略形であり、厩戸としても同じである。ウジは内=ウチでわがお上《カミ》、つまり王を意味する古代韓国語であるから、ウジ皇女は倭王となった皇女という意味で、炊屋ヒメ本人ということになるし、炊屋ヒメは小墾田に家があった稲目の孫であるから、小墾田皇女もまた炊屋ヒメ本人である。だから同一の炊屋ヒメが嫁したという厩戸（別名聖徳太子）と彦人とは同一人物ということになる。しかもここで、期せずして、聖徳太子と女帝炊屋ヒメが婚姻していたという事実までも判明するのである。

それはさて置き、上記のように彦人、厩戸、聖徳太子、タリシヒコはすべて同一人物であり、そうした名は西突厥可汗達頭の別名なのであった。そして彦人は、彼がまだ大陸にあって、配下の軍将等を倭国に派遣し、倭国の政治、軍事、外交面での影響力を強めていた時代の名なのである。まだ倭国に渡来し、定着する以前の西突厥可汗であったから、倭国において存在が稀薄なのは当り前のことであって、それは実在が疑われる架空の人ということでは全くない。大陸にいて、倭国に影響力を拡大しつつあったということにすぎないのである。

ではなぜ太子こと達頭は、倭国の救援軍要請を承諾したのだろうか。またなぜ倭国側が、西突厥可汗達頭に救援要請をすることができたのだろうか。達頭の使者第一陣は、五七〇年三月の稲目の死の翌四月に来倭している。ということは、稲目・馬子父子が緊急に要請したのであろう。当然馬子も、死期迫る父稲目の補佐をしていたことは明らかだから、稲目・馬子父子の意志といってよい。彼らは、五六二年に任那を滅ぼした後に高句麗侵略を公然化した上、倭国王位までも狙い始めた新羅真興王の動きに危機感を募らせ、その対策として達頭に援軍を依頼したと思われる。

ところで当時の倭王は欽明ということになっているが、不可解なことに『書紀』のすべての倭王欽明の言葉は、百済聖明王が代弁し、「倭王が話されるのは……」と聖王が語る異様な形をとっている。しかもその聖王は「百済本紀」によると、欽明即位の五四〇年に高句麗を攻めて敗れ、その後五四七年までの七年間所在不明となっている。また五五四年の百済聖王の死が伝えられた時、稲目は「これからどうすれば倭国を鎮護できるのか」と嘆いているが、これはまさに王を失った時の常套文句である。こうした諸点から、百済聖明王が倭王欽明となっていたと推定することは、ごく自然と思われる。

とすると聖王は五五四年に没しているから、欽明の没年も五五四年のはずだが、『書紀』は五七一年としている。ということは、五五五年から別人が、欽明の仮面をつけて倭国統治の実務をこなしていたことになる。そのようなことができるのは、倭国の実力者蘇我稲目以外にないだろう。稲目が、倭王の不在を好機として、倭国を専断していたのである。後に山背大兄を討とうとする反逆者集団に蘇我入鹿が加わろうとした時に、賢明な古人大兄《フルヒト》が、蘇我氏は「穴に隠れてこそのネズミ」であるから思い止まるよう諫《イサ》める条があるが、まさにそれは蘇我氏の政治的本質を見抜いた至言といってよい。後の平安時代の藤原氏と同じく、蘇我氏の政治的体質は、覇王とは全く異質な「穴に隠れたネズミ」であり、王の背後にいて権謀術数と暗殺手段で権力を掌中にし弄《モテアソ》ぶというわば省エネ型の実益タイプの権力者であった。そして蘇我氏のその政治姿勢は、この稲目の成功を模範として、後々踏襲されていくこととなったのである。省エネ型は、武力を省略できる安価なメリットがある反面、武力を他に依存せざるをえず、いつかそれが命取りになることは、両氏の没落がよく証明している。

さて聖明王は、高句麗との熾烈な戦いを、当初は聖王側の顔をしながらも、どちらに着くか分からない新羅真興王の動きを睨みながら続行していたが、『書紀』によると五五一年の高句麗侵略戦では、自ら「衆と二つの国」すなわち聖王が王として君臨する百済・倭国の軍の他に、新羅と任那の軍を率いて高句麗を討ち、漢城と南平壌を奪回した。その戦いには、「高句麗本紀」によると、突厥も援軍を出していたとみられるから、聖王は、百済、倭国、新羅、任那の連合軍と突厥軍により、東西から高句麗を挟撃する作戦を展開したと考えられる。ここで突然、聖明王を西から救援する突厥が現われるが、これは何だろうか。想起されるのは、欽明が秦大津父《ハタノオオツチ》と同盟し、彼を軍事と経済の支えとしていたことである。この秦大津父軍こそが、西から高句麗を襲った突厥軍の正体だったのではないか。かつて秦氏弓月君が、慕容氏広開土王の軍事と経済の後援者になっていた（上記）のと同じ関係である。欽明こと聖明王は、五五一年決戦にむけて秦大津父と同盟し、その証しとして当然にも娘を与えたはずである。欽明の娘と秦大津父の間に、おそらく五五二年ころに生まれたのが達頭、倭名聖徳太子だったのではないか。彼の名に付く「聖」の字は、祖父聖明王の孫の表象である。歯の浮くような人徳の表象ではない。

太子の来世の姿を映す天寿国曼荼羅繍帳《マンダラシュウチョウ》には、背中に漢字が刻まれた百匹の亀が描かれている。太子の死の直後に新羅使者がもたらした弔問の品々は、広隆寺とともに四天王寺にも収められたというから、四天王寺は当時、太子の追悼寺の役割を荷っていたことが分かるが、そこにも亀池があり、多くの亀が飼育されており、またその亀池には歌舞用の舞台が設置されている。そして太子は秦河勝《ハタノカワカツ》とともに呉舞《クレマイ》を愛し、それを習う者には課役を免じる特典を与えたと、もと四天王寺貫主木下寂善が四天王寺舞楽の沿革の中で記しているという[103]ことである。百済から大和に呉舞の師味摩之《ミマシ》が来た時、秦河勝は子五人、孫三人と共に自らもその習得に励んだと[103][104][105]いわれているが、その子孫の世阿弥が秦元清を自称した[103]のはよく知られた話である。呉舞は、「呉」と「伎楽《キレ・ギガク》」がクレで通じるから、クチャの伎楽舞のことであろう。それは僧と犬と猿の面をつけ[106]、腰鼓を打ち鳴らしながら熱狂的に踊る滑稽《コッケイ》舞といわれている。そのクレのルーツは、ミャオ語のKlie.、あるいはヤオ語のKlöではないかと私は考えている。どちらも犬の意味だから、呉舞とは犬の踊り、祖神犬に捧げるトーテム・ダンスのことであろう。太子を象徴するような亀と呉舞は、おそらく太子がクチャ出自であることを示唆している、と私には思われる。つきせぬ故郷への思いが、太子と河勝を呉舞に没入させたのであろう。

太子の人間的形質も、彼が西方出自であることを示唆している。兵庫県加古川市の鶴林寺（地元では「太子さん」）と大阪の八尾市の大聖勝軍寺にある太子像は、赤髪といわれている。そして『雑勘文』▼[107]下三に引用された『上宮記』逸文（「上宮記下巻注云《チュウニイワク》」として引用された太子の系譜）によると、太子と蘇我馬子の娘刀自古《トジコ》の間に生まれた山背大兄は、カマシシ（カモシカ）の老翁《オジ》と呼ばれたというから、金髪混じりの茶髪系であったらしいこともその根拠の一つである。なお刀自古については、吉備に直轄地を持つ嶋大臣＝馬子の家を実家とし、そこで山背大兄を生み育てたと思われる。通い婚の習俗の下では、それは当たり前のことであろう。とすると、吉備嶋皇祖母《キビノシマノスメミオヤ》とは刀自古のことであり、彼女が死んだ時その側で看病し続けた皇極（皇極二年九月条）というのは、実は山背大兄のことであったということがここで判明するのである。皇極は斉明ではなく山背大兄である。

ところで太子が欽明の孫であるならば、継体は曾祖父ということになる。その継体が金氏の新羅王智證《チショウ》でもあることは、名の男大迹《オオド》と智大路《チタイロ》が同義であり、出自もともに金氏＝休氏の慕容氏（エフタル）（後述）で、動向についても新羅で智證が所在不明となる五〇七年に倭国で継体が即位しており、しかも即位時にともに六四歳と五八歳の高齢であることなどから、十分に証明可能と思われるが、その息子の欽明は嫡男とされ、倭国で生まれた幼児ともされている。

しかし継体の即位時の年齢からみて、それは大変疑わしい。五八歳（実は六四歳）まで北陸でひっそりと暮らしていた老人が、突如倭王になり子をなすなどありえないからである。五八歳ころまで倭国にはいなかったというのが事実であろう。

おそらく彼は、「高句麗本紀」四九四年条の、妻子を連れ国を挙げて高句麗に来降し、翌年条で文咨《ブンシ》王に送られて倭国に渡ったことが暗示されている「扶餘《フヨ》王」その人であろう。扶餘とは、ササン朝ペルシアによるエフタルの呼称のヒヨーン人のことと思われるから、彼は西方のエフタル（東方名慕容氏）の王であったと推定してよいだろう。なお『紀記』は継体をホムタ天皇つまり応神の五世孫とするが、応神は上記のように苻氏であって、ヒヨーン人＝慕容氏ではないから、正しくない。むしろ『釈日本記』引用の『上宮記』逸文（「一云《アルニイワク》」）にある「凡牟都和気（ホムツワケ）五世孫」の方が真実を伝えているわけである。ホムツワケは、韓国語ではホム＝ポンが金、ワケはジュニアを意味するから、「金氏の子」つまり本姓休＝金氏、他称慕容氏の子を表象する。慕容皝とサホヒメの子であり、別名慕容儁、ヤマトタケル、景行であるホムツワケ（第三章）が、継体の祖なのである。

ともかく継体はすでに妻子を連れていたのだから、嫡男の欽明も、継体とともに西方から東方移動してきたとみるべきである。当時のエフタルは最盛期にさしかかっており、トラマーナ王がインドへの侵略を始めるころであるから、継体も人生の後半をヒヨーン人つまり慕容氏、とりわけ祖と仰ぐホムツワケの故地への帰還と王朝奪回に捧げようと決意したとしてもおかしくない。東アジア情勢も味方した。長期にわたり北魏と結び、極東情勢の中心的存在であった高句麗長寿王の死んだ四九一年が、その決断の時だったのではなかろうか。その時極東情勢は流動的となり、介入の好機が訪れた。さらに幸運にも、四九三年北魏が南の洛陽《ラクヨウ》に遷都した。それが決定的な契機となって、おそらく彼は一族を連れ、ステップロードを東へと直進した。「高句麗本紀」には扶餘王が投降してきたとあるが、おそらく修辞であり、「国を挙げて」侵攻してきた「扶餘王」すなわちエフタル王継体の大軍を前にして、文咨王は戦うことなく帰属し、受け入れたというのが事実であろう。根拠は、「桃李（ももやすもも）が冬に咲いた」というメタファーで、謀反の画策が示唆されていることである。

　このころ欽明はすでに太子として、継体を支えていただろう。当然妻も娶り、子もなしていた年令である。シルクロード上には、当時多くのエフタルの国が存在していたが、その中に多《タ》婆那《バナ》国という、継体一族の祖ホムツワケの故地丹波を思わせる国があった。『魏書』本紀五〇八年三月条によると、コータンの東北にあったというが、継体はその国の王だったのではないだろうか。さらに当時クチャは、シルクロードのオアシス国家群中、他の十倍の人口と兵力を[108]有し、背後の天山から採れる鉄、金等の豊富な[109]資源が産む経済力を基盤とする一大強国であったから、クチャと婚姻関係を通じて同盟しようとしない国などなかっただろう。『水経注』に引用された『大唐西域記』によれば、クチャは西域三六国の鉄の需要を賄っていたということである。[110] しかもエフタルの最盛期であるから、当然クチャとタバナ国の同盟は成立し、タバナ国太子欽明はクチャ王女を娶ったはずである。生まれたのが太子＝達頭の母であろう。そして欽明は同盟のため秦大津父にその娘を娶らせ、そして太子達頭が生まれた。私はこのように考えている。太子は母の実家クチャで養育された。その根拠は、彼が祖父欽明ゆかりの倭国に登場する以前に、西突厥可汗シルジブロスの娘婿となり、その後を継いでいることである。なお彼がシルジブロスの実子でないことは、内藤みどり論文「西突厥の西方発展と東ローマへの道」（『東西文化交流史』所収）に詳しい。[111]

　クチャで生まれ育った太子が、倭国支配に格別の意欲を持ったのもごく自然なことである。そこはかつての始祖ホムツワケの生地であり、曾祖父継体が王朝を開き、一度簒奪されたのを、祖父欽明が父大津父に支えられて奪い返した国であり、またそれ故に、敏達によって再び奪われた祖父の王朝を是が非でも奪回すべき国であったのである。秦河勝もおそらく大津父の子で、太子の同母兄弟であろう。とすれば『補闕《ホケツ》記』[112] などにみられる河勝の太子への献身も十分納得されるのである。なお秦氏が慕容氏であることは、『姓氏録』左京諸蕃に弓月君の父功満王が仲哀八（三五四）年に来朝とあることなどから明らかである。三五四年は新羅訖解《キッカイ》朝が倒れる二年前であるから、訖解朝を倒し奈勿《ナムチ》朝を立てるため倭国から出撃する仲哀（上記）の援軍として、前燕王儁《シュン》（ホムツワケ、ヤマトタケル）が送った慕容氏の一支と推測されるのである。ホムツワケの孫にあたる石川を祖とする蘇我氏は欽明、秦氏と同族の異氏族であり、また欽明に仕えた稲目にとっては、こうした事情は周知のことであったはずだから、新羅真興王による倭国への侵略に備えて、欽明の孫で、屈強な西突厥軍を統べる達頭＝彦人に援軍を打診したと私は推定しているのである。

その突厥軍の中核は鉄勒《テツロク》といわれているから[113]、純粋な突厥人ではなく、突厥に帰属合流した、武力に勝るチュルク系諸氏族が突厥軍の実体であった[114]と思われる。従って慕容氏（エフタル）の一支の秦大津父も、この時代にはそうした形で突厥に組していたのであろう。『隋書』列伝長孫晟に、達頭が鉄勒と記されていることも、その傍証となるだろう。

ところで押坂彦人大兄の「押」は輔＝たすけるという意味をもつから「佐」と同義であり、また「坂」は「阿」と同義である（『大漢語林』）ので、押坂は「佐阿」となるが、ひっくり返せば「阿佐」である。何と彦人は阿佐皇子でもあったわけである。阿佐は「麻」で鉄鍛冶あるいは（砂）鉄の表象（谷川建一氏）[115]とされているが、私はより根源的には、大月氏の崇拝する炎で形象されるアーサル神[116]が、その名のルーツとしてあると考えている。炎と鉄を表象する「阿佐」は、『周書』にあるように鉄作りをもって経済的基盤とし、ゾロアスター教を崇拝する[117]突厥の彦人、すなわち日子＝王＝可汗の達頭にまさにふさわしい名といえるだろう。『書紀』は阿佐を百済王子としているが、五八五年に倭国を追放された敏達＝百済威徳《イトク》王（後述）が、倭に王子を送ってくることなどありえないから、白々しい偽称である。阿佐＝達頭は、倭国に定着する以前の推古五（五九七）年四月に一度来倭しているが、おそらく翌五九八年二月から六月にかけての達頭による、高句麗嬰陽《エイヨウ》王と東突厥都藍《トラン》可汗と連合しての隋討伐戦への援軍を要請するために、本人自身が倭国を訪れたのであろう。『書紀』は新羅への出兵としているから、隋側として高句麗を背後から襲おうとする新羅を倭国軍が攻めるように、達頭は馬子に要請したと推測される。なお阿佐は、聖徳太子の肖像画を描いたことで有名であるが、年代的に合致しないとされているように、阿佐は作者ではなく、阿佐が太子として描かれたというのが真実である。その肖像画の太子の腰には異常に長い刀剣が下げられている。また押坂の坂＝サカは古代韓国語では刀剣を表意する。そして倭国に定着して以降の太子の宮の名は、播磨《ハリマ》にしろ斑鳩《イカルガ》にしろ斑鳩宮であるが、韓国語ではイカルガのイは「聖なる」、カルは「刀剣」、ガ、ガルは「刀を研ぐ」であるから、「聖なる刀を研ぐ」[118]ということになる。まるで刀剣こそが太子のイメージ、シンボルであるかのようである。おそらくその「刀剣」は、太子が西突厥可汗達頭かつ倭の大王であったことの表象なのであろう。とすれば、法隆寺の釈迦像、薬師像、橘夫人念持仏と善光寺本尊の阿弥陀如来の前立本尊の左手の印相《インゾウ》が、通常ではありえない刀剣印[119]であることからみて、それらはすべて仏の姿に仮託された太子の像と推定されるのである。

2　物部守屋の矜恃

我がために死んでくれるか。苦渋に充ちた達頭可汗の密書を読み終えた守屋は、即座に「オウ（応）」と答えた。五八七年七月の守屋討伐事変の核心は、これに尽きると私は考えている。『書紀』によると用明死後、守屋が穴穂部皇子を倭王に擁立しようと企み、五八七年七月に蘇我馬子、群臣、諸皇子に討伐されたことになっているから、守屋はさながら穴穂部の忠臣のようであるが、疑わしい。なぜなら、まず五八七年四月条に、用明の臨終の場へ豊国法師を伴って急ぐ穴穂部を見て、守屋は睨み怒ったとされていること、次に翌五月条に、守屋が穴穂部を淡路島での狩に誘っていること、さらに六月、穴穂部が討伐された時、守屋は自宅におり穴穂部の側に臨在していないことなどからみると、忠臣とはほど遠い存在に思われるからである。豊国法師を伴う穴穂部の姿は、用明即位を容認し、即位後に容態が急変した用明を救おうとするものであるから、用明を擁立した馬子の側に立つ者のそれである。それを睨み怒った守屋はまさに反馬子反用明の側に立つ者であるから、両者はむしろ敵同志だったわけである。また忠臣であれば、穴穂部の方が守屋に淡路島を拠点とした武装蜂起を命じるはずで、守屋の方が誘うはずはない。そもそも穴穂部は五八五年八月以来、倭王となるべく画策し続けていたはずである。さらに忠臣なら、片時も離れず穴穂部の側で彼を護っていただろう。しかし守屋は、穴穂部が馬子の私兵によって焼殺された時、自宅で戦いの準備をしていた。これはどう見ても忠臣ではない。『書紀』が守屋を穴穂部の忠臣と強調すればするほど、疑念が湧き上がってくるのである。

事態はそれほど単純ではなかった。少し遡ってみてみよう。欽明の仮面を被った稲目が死ぬ時、「外に行っていた」敏達を緊急に呼び寄せ、任那復興のため新羅を討つよう遺言したと『書紀』は五七一年四月条に記しているが、当然それは上記のように五七〇年三月のことであり、また外とは外国、つまりこの場合百済に敏達がいたので、倭国に呼び寄せ倭王位につくように依頼して死んだということである。しかし敏達はその二年後の五七二年になってようやく即位した。百済にいたことも、二年間空位だったことも不可解だが、五七二年に百済と新羅間で大戦があったことを示唆する「新羅本紀」と合わせて考えると、真相が読めてくる。敏達はその二年間、百済で新羅真興王の執擁な侵攻に応戦せざるをえなかったのであり、ついに敗れて五七二年に一時倭国に逃げ込んだということである。そして百済威徳王《イトク》は、この五七二年から五七七年まで所在不明となっているから、結局当時の百済王威徳が倭国王敏達となったと推定してよいだろう。稲目が真興王より威徳王を倭王として欲したのは、蘇我氏が倭国を専断するために、威徳が強権を発動する恐れのない、扱い易くシンボルに最適な王だったからである。

何しろ蘇我氏は「穴に隠れたネズミ」が最高の実利を得られる影の権力者であることを、すでに経験的に知ってしまっていたのである。

威徳王に狙っていた倭王位を奪われた真興王が、怒涛のように倭国に攻め寄せてくるのは当然であったが、達頭すなわち彦人が送った援軍によって事なきを得た。だがその援軍は帰国した様子もなく、五八三年には馬子をさしおいて、百済から軍師日羅《ニチラ》を招き、「国政」を聴くまでになっていた。そのため日羅は百済使者によって殺されたのだから、国政を聴くとは修辞で、実際は倭王として居座る威徳こと敏達の追放と、その結果予想される百済からの報復攻撃への対処戦術について謀議したと推測される。つまりクーデターの策謀である。同席したのは馬子ではなく、大伴糠手子《アラテコ》、阿部目《メ》、物部贄子《ニエコ》とされているから、彼らが彦人＝達頭の配下の軍将だったと思われる。この五八三年に、達頭は敏達を追放し、倭国に王朝を立てる意志を明確に打ち出し、具体的な準備段階に入ったのである。

クーデターは五八五年三月に決行された。『書紀』に突如、物部守屋が荒々しく登場し、仏教の廃絶を敏達と馬子に迫った時である。物部と蘇我の神仏戦争と矮小な形で俗称されているが、本質は別のところにある。祭政一致が原則の時代の信仰争いとは、即統治権争いであるから、それは熾烈な奪権闘争、倭国の王権を巡る戦いに他ならない。達頭はクーデターの実行にあたり、最強の軍将であった物部守屋を倭国に送り込んだのである。敏達、馬子側も相当抵抗したようだが、八月に事態は一変する。唐突に穴穂部が登場し、王位を主張したと『書紀』は記している。欽明の第八子以下などとされる穴穂部が王位を主張できるはずはないから、この系譜は破り捨てるとして、では一体彼は何者なのか。王統にないにもかかわらず、図々しくも倭王位を主張できる人物とは、武でその名を轟かせながらも国を失った他国の王以外にない。鍵は五八五年八月である。その前月、大陸では西突厥のもう一人の大可汗阿波《アパ》が、東突厥の沙鉢略と隋の軍に敗れ[120]、何故か妻子とともに放免された後、所在不明となっている[121]。五八三年の突厥の「東西分裂」の折、沙鉢略に追われて西突厥の達頭の許に逃れた過去をもつ彼が、西突厥の達頭の許へ帰ってきたという資料は皆無であり、また阿波は穴穂部に通じ、さらに七月行方不明、八月倭国に登場という時系列の連続性からみても、阿波は穴穂部として倭国に亡命したと推定できるだろう。彼は達頭が配下を倭国に送り、支配権を拡大していたことを知っていたはずであるから、その倭国内達頭勢力、とりわけ守屋を頼りに来倭したと思われる。

西突厥大可汗の来倭に、馬子は驚愕しただろう。敏達の倭国での命運は尽き、すでに達頭か阿波かの選択を迫られる緊急事態となったのである。だがしかしもと大可汗とはいえ、妻子とわずかな兵を連れた亡命者にすぎない者を擁立する選択肢はない。即座に馬子は達頭との同盟を決断し、敏達を追放した。祭政一致の時代であるから、九月、太子の妹酢香手《スカテ》ヒメが伊勢斉王に卜定《ボクテイ》されたとある時に、太子は統治権を握り倭王となったと推定される。しかし即位式の記述はないから、倭王位を掌握したが来倭せず、大陸に居続けたということである。さらに馬子の子蝦夷《エミシ》が五八六年に生まれている点から、馬子は守屋の妹と五八五年に結婚したことが判明する。つまり、五八五年九月に、馬子は守屋と和親したのである。その意味するところは明白である。五八五年九月、達頭が大陸に在住したまま倭王となり、倭国の統治の実務は馬子と守屋の連立政権に任せたということである。

太子＝達頭は倭国王になったとはいえ即位式もあげず大陸にあったから、見かけ上は空位の様相を呈していたために、倭国によくある代理王体制を知らない阿波は、倭王となるべくまず敏達皇后であったが五七八年には用明妃となっていた（後述）炊屋ヒメを娶ろうとした。上記のように騎馬遊牧民族の習慣では、先王の王妃を娶ることが王の正統性を保障するからである。彼は敏達の形だけの殯宮《モガリノミヤ》に入ろうとして、事実が暴露されるのを恐れた馬子の忠臣三輪逆《ミワノサカウ》に阻止されると、おそらく炊屋ヒメがいた用明の宮を襲撃した。炊屋は、敏達と結婚する以前の伊勢斉王時にすでに用明と密通し、その職を解かれていたが、敏達の皇后となった後も、敏達が百済に戻った五七七年の翌年には再び用明と通じ、最終的に敏達が百済に追放された五八五年八月以降は、用明の正妃として彼の宮で暮していたと思われる。ところで炊屋は用明の同母妹であるから、これは最近親婚に他ならないが、エフタルにはゾロアスター教的最近親婚の習俗があったとされているから、おそらくその範疇である。彼女が用明妃であったことを知った阿波は、守屋には三輪逆の追撃を命じ、自身は手薄となった用明の宮を襲撃しようとするが、馬子に王となるべき人のなすことではないと説得され思い止まる。『書紀』五八六年五月条ではこのように記されている。五八六年は『書紀』によると用明元年だから、阿波の行為は謀反である。にもかかわらず、馬子は阿波を反逆者として討伐することなく、説得して事を丸く収めたというのは胡散臭い。謀反を止めるに足る裏取引きの腐臭がプンプンと漂う。しかも用明二(五八七)年四月に新嘗祭《ニイナメサイ》を行ったとある点も不条理である。新穀の儀式を「夏」に行うことなどありえないから、これは用明の即位式が行われたということの脚色とみてよいだろう。つまり用明は、五八七年四月に即位したということである。馬子が阿波を「王となるべき人」という魅力的な言葉で説得し、しかも阿波の姉穴穂部皇女が用明即位と同時に立后している点からすると、馬子は阿波に次王として立てる密約をして、阿波を黙らせたと考えた方がよさそうである。あるいは、五八七年四月、用明即位、阿波立太子ということだったかもしれない。

これは五八五年九月に成立した達頭王朝への反逆ではないか。馬子と阿波と用明が同盟して、達頭を裏切った。そのため守屋は怒り、睨んだのである。やはり守屋は達頭の忠臣であったのだ。司馬多須奈《タスナ》に用明を暗殺させたのも、おそらく守屋であったろう。用明の即位から死までは七日間であるから、大陸の達頭の許へ用明即位を知らせ、暗殺命令を受けてとんぼ返りに倭国に戻り実行するには、日数不足と思われる。従って達頭が暗殺命令を下したのではない。守屋である。

用明の死で窮地に立ったのは馬子であった。阿波の強引な武装蜂起に瀕して、苦しまぎれに捻り出した阿波を次王に立てるという密約を楯に、阿波は倭王位を馬子に強く要求したはずである。その情況は達頭にも報告されたであろう。当然馬子は達頭に、こんなつもりではなかったと謝罪し、打開策を求めた。自覚のないまま隋の手先となり倭国を掻き乱す阿波は、すでに達頭の許容範囲を超えていたから、達頭は阿波討伐を決意したと思われる。しかしそれには難しい問題があった。阿波は西突厥の実力も人気もある可汗であったから、あからさまに暗殺したとなると西突厥の部衆と倭国内の西突厥勢力の反撥を招きかねない。殺すには大義が必要である。達頭への反逆者であれば、討伐は正義となる。阿波を反逆者に仕立てるという困難な役割を、達頭は腹心の配下守屋に依頼した。五月守屋は阿波に武装蜂起を持ちかけ、淡路島に誘《オビ》き出そうとした。おそらく守屋は阿波を淡路島に誘き出し、反逆者として世に知らしめた後、自分で阿波を殺そうと考えていただろう。その企みは洩《モ》れたと『書紀』は記している。馬子にとって、それは脅威であった。もし守屋の計画が実現し軍功をあげれば、馬子は無用となってしまう。すでに馬子の唯一の軍将であった三輪逆を守屋に殺され、馬子には私兵の暗殺者集団しか残っていなかった。このままでは守屋の一人天下となる。守屋の動きを摑んだ馬子は、甘言を弄して阿波を引き留め、守屋の計画を壊した上で、素早く私兵の暗殺者集団を送り、阿波を焼殺したと私は考えている。さらに馬子は、守屋を阿波と同盟した反逆者に仕立てあげた。達頭の家臣と思われる大伴咋《クイ》、阿倍人《ヒト》らも、馬子の讒言を見抜けず、守屋を達頭への裏切者と思い込んだのか、馬子の口車に乗って守屋を攻めた。守屋軍は強力で討伐軍を三度敗退させた末に、おそらく馬子の策謀と思われるが、守屋の舎人《トネリ》とも太子の舎人ともされるトミノイチイに守屋が射殺されて、この討伐事変は終っている。達頭＝太子は大陸にあり、この事変には手を下していない。

一五、六歳の少年と記されている厩戸の漫画的に熱狂的な関わりは、すべて『書紀』の創作にすぎない。よほど太子と守屋の濃密な関係を隠したかったようである。一五、六歳とされるのは、達頭が倭国に関与し始めた時を生れ年としてのものであるから、何から何まで卑俗な創作である。守屋は死力を尽して長時間討伐軍に抵抗したが、おそらくそれは、達頭を裏切った馬子を誅伐し、達頭への忠誠を貫こうとしてのことであり、また敗戦の兆が見えた後は、一族郎党を出来るだけ遠くに逃がすための時間稼ぎだったのでもあろう。

事変後、守屋の部衆の住地は四天王寺（荒陵《アラハカ》寺）の領地とされ、部衆は奴婢とされたといわれている▼122が、そのことは守屋一族郎党に住む家と仕事を与え、免税としたということであるから、罪人として罰せられることなく、いわば手厚く保護されたわけである。大陸で守屋討伐死の報を受けた達頭は、守屋が馬子の讒言によって殺害されたことを察知し、守屋一族残党への恩情ある措置を馬子に強く迫ったと推測される。

守屋死後の達頭王朝は、馬子が専断する危険性を孕んでいたから、達頭は、『雑勘文』下三に引用されている「上宮記下巻注云」の太子一族の系譜（上記）には息子とある長谷部《ハツセベ》＝泊瀬部＝崇俊を自分の代理として倭国に送り込むのだが、崇俊が新羅討伐を打ち出したとたんに、馬子が再び私兵の東漢直駒を使い崇俊を暗殺してしまう。それは兵力を持たない馬子をないがしろにすることは許さないという馬子の強い意志表示だっただろう。馬子の怒りはすさまじく、殯《モガリ》もなくその日の内に崇俊は埋葬されてしまっている。

とりあえず遺体は倉梯岡陵《クラハシノオカ》に封印された後、達頭＝太子の来倭間近のある時に、法隆寺近くの六世紀後半築造とされる円墳の藤ノ木古墳に改葬されたと思われる。この時代としては前例のない無陵地・無陵戸という異常さが、倉梯岡陵は名のみの崇俊陵であることを物語っている。藤ノ木古墳には内外ともに赤く塗られた石棺に当時としては異例の男性二体が埋葬されているが、左側の一体の装束等は豪華で、二本の花樹がデザインされた金冠が置かれていた。それは、アフガニスタン北部のシェベルガーン（シバルガン）郊外のティリヤ・テペ六号墳出土の歩揺冠に近似（より単純化した形）しているから、おそらくその左側の男性が崇俊であろう。大刀、銅鏡、玉類の副葬品からみて、王陵であることは明らかである。また法隆寺に残る資料によると藤ノ木古墳は陵山《ミササギヤマ》と呼ばれ、法隆寺がそこで儀式を行って[123]いたということだから、それも傍証となるだろう。そして歩揺冠は、なぜか遺体の足元に置かれ、しかも真二つに折られていた。さらにその遺体の頭蓋骨はないと報▼124告されている点からみても、馬子の憤怒の度合いが測り知れるのである。もしやその頭蓋骨は、倉梯岡陵にぽつねんと留置されているのではなかろうか。

即日埋葬直後に、馬子は崇俊の嬪《ヒン》となっていた馬子の娘を犯したとして駒も殺しているが、馬子のことだから娘を与えると約束して駒に崇俊殺しの役目を引き受けさせ、駒が暗殺に成功すると、嬪を犯したと断罪して死に到らしめ、自分の悪事に蓋をしたというのが真相であろう。

奸計に長けた馬子に息子崇俊を殺された達頭は、馬子と妥協し、倭国の実権を保持しつつも、象徴的な代理の倭王として炊屋ヒメを立て、馬子が政務を荷うことに合意する。炊屋は馬子の姪であるとともに、上記のように達頭＝太子の叔母でもあるから、達頭にも受け入れ易い条件であったことは確かである。こうして五九三年に、表向きは炊屋朝でありながら、実質は五八五年九月以来継続する達頭＝彦人＝厩戸王朝という変則の二重構造をもつ、いわゆる推古朝が始まることとなったのである。なお推古とは、推《オス》＝押《オス》で、古＝コ＝ヒコ＝彦だから、押彦、つまり押坂彦人大兄の表象である。

この二重構造は、達頭が隋に圧迫されて倭国に亡命した後、馬子の同意を得て倭王として正式に即位した六〇四年に終了する。達頭はその時、名実ともに倭王タリシヒコへと転身したのである。上記の太子と炊屋ヒメの結婚はこの時成立し、炊屋が皇后として立ったと推定される。『書紀』によると、彼は厩戸豊聡耳聖徳太子として六二一年に没しているが、その時諸王・諸臣・人民のすべてが泣き悲しみ、今後誰に頼ればよいのかと言ったと記されている。何度も言うが、これは王の死を告げる常套文句である。達頭は、祖父欽明、父秦大津父のゆかりの地倭国の王として、「六二一年」に死んだのである。ちなみに太子死後の六二二年から六二八年までが、炊屋ヒメ推古単独の王朝である。この場合の推古は、推＝押＝大、あるいは推＝スイ＝炊、古は児＝女子で、結局大女王＝女帝炊屋ヒメの表象であろう。

3 太子を殺した者

太子の死については、一般に死因も没年月日も定かでないとされている。病死とする『聖徳太子伝暦《デンリャク》』[125]もあれば、病死ではないとする『補闕《ホケツ》記』もあり、没年についても、六二一年（辛巳年）とする『書紀』、『伝暦』、『先代旧事本紀』の説もあれば、六二二年（壬午年）とする『帝説』、『補闕記』『天寿国繡帳《シュウチョウ》』等の説もある。共通するのは二月の死であるが、繡帳や法起寺塔婆露盤《トウバロバン》銘にみえる二月二二日は太陽暦の四月一一日で、キリスト教の復活祭の時期にあたる[126]ということだから、西方の死と再生の観念と習俗[127]に基づく修辞とみなされるべきであろう。事実とは思われない。

太子の没した時期を示唆する鍵は、意外なところにある。女性の涙である。『上宮聖徳法王帝説』[▼128]にみえる天寿国曼荼羅繍帳には、次のような橘大郎女《タチバナノオオイラツメ》の悲痛な嘆きの言葉が残されている。「わが大王は、母王（穴穂部間人皇女《アナホベノハシヒト》）と期《チギリ》しがごとく、従遊《ズユ》なさっている。私の心はヒリヒリと痛む。」繍帳は、穴穂部皇女の没年月日の干支の一日のズレ（甲戌日のはずが癸酉日とされている）からみて儀鳳暦《ギホウレキ》が使用されていると考えられるところから、持統四（六九〇）年以降に作られたものと推定されている[▼129]ので、橘自身の生《ナマ》の嘆きではないにしても、その文言をあえて記しているところに歴史家としての良心を垣間見ることができる貴重な遺品である。思わず感謝、と叫びたいのを堪えて、続けよう。大丈夫、橘。穴穂部皇女は大王タリシヒコの母ではない。五八七年四月に結婚した母親が、子を産むのは早くても翌年であるから、五八七年七月時点に一五、六歳となるという厩戸＝タリシヒコを生むことなどありえないのである。がしかし残念にも愛妃であったようである。「片時も離れず二人は愛し合っている。」そのような男女が、別々に死ぬはずはないだろう。しかも『書紀』によると、太子の死の数年前から異形の人魚などの出現によって王の死が暗示され、また六二〇年一二月には、天から赤い気が垂れ下がったと記されている。つまり兵乱の暗示である。太子を取りまく情況は、極度に緊迫していたのである。最悪の時こそ、愛ある者は共にいる。

六一八年三月に隋の煬帝が没し、唐が成立した時の八月、高句麗嬰陽王による対唐戦を呼びかける書が太子の許に届いたが、馬子の強い反対で倭国軍を出動させることを断念した太子は、涙したと『伝暦』には記されている。太子はそこで倭国を去り、今は孫の統葉護《ジベール》が可汗となっている西突厥に戻り、唐と対決しようと決意した。それは、安芸国に船を造らせたと記されている推古二六（六一八）年条から、明らかである。また弟で忠臣の秦河勝が六二〇年に致仕していることも、その傍証であろう。おそらく太子は、唐との戦いに赴くにあたって、息子の山背大兄に譲位するつもりで、その後見を河勝に依頼したのである。一方建国したばかりの唐は、周辺国に帰属を強く求め、反抗的な諸王は容赦なく暗殺する方針をとっていた。成熟した、安価でずる賢い外交手段である。そのため多くの密偵を各国に放っていただろう。当然倭国の太子の動きも、逐一唐に報告されていたはずである。

そのような折に、『書紀』六二一年是年条によると、突然新羅が使者を倭国に送り、上表文を奏上してきた。しかし新羅は、太子が隋に帰属した六〇七年以後、六一〇年、六一一年と六一六年のたったの三回、おそらく隋の意向によるものと思われる倭国への朝貢をなしたのみであった点からみると、基本的には反タリシヒコ＝太子の外交方針を採っていたと推測されるため、太子没年ころのこの朝貢はきわめて不可解かつ不気味であり、何か裏があると疑わざるをえない。この疑問を解く鍵は「新羅本紀」にある。それは六二一年七月に新羅が唐に送使し、おそらく帰属を願い出たので、高祖は慰労し璽《ジ》や錦などを贈り、答礼の送使者庾文素《ユブンソ》を同行させて新羅まで送ったというものである。だがその送使者の同行については他に記述の例がないところからすると、その唐の使者が、新羅使者を伴って間を置かず来倭し、太子に唐に帰属するよう迫ったものと捉え返すべきであろう。唐による倭国への政治介入である。唐への帰属か、さもなくば譲位せよという命令書（璽）をもって唐の使者が来倭したことを、『書紀』は新羅使者の朝貢と記したのである。この唐による新羅使者の名の下での倭国への政治介入は、この時から始まったと『書紀』は付け加えている。

当然にも太子は一喝したであろう。日出ずる処の天子にむかって無礼である。帰属するのは新参者の唐の方ではないのか。——その結果はあまりにも明白であろう。唐の使者はその仮面を脱ぎ捨て、暗殺者へと転じた。太子は唐使人庾《ユ》文素一行に殺害されたのである。六二〇年一二月の赤い気の出現は、翌六二一年一二月のことであったのだ。繍帳などに六二一年一二月二一日穴穂部皇女が崩じたとある、まさにその時に、太子は皇女と共に死んだのである。——「ちぎりしが如《ゴト》、従遊したまひき。」この言葉は一見、女の怨み言のように見せかけているが、実は太子が穴穂部皇女と共に浄土へ旅立ったことを嘆き悲しんでいる言葉なのである。すると次に続く太子の言葉が必然性をもって生きてくる。「この世は虚仮《コケ》、仏のみが真実である。」つまり太子は「現世の仮の姿を脱して、今や私は浄土で救世観音（ミトラ）の真の姿に戻った」

と告げたのである。この言葉の意味は深い。それは倭の大王の死であったから、天皇のみに使われる「崩」の字が使用されているのである。『法隆寺東院縁起』に「天平七（七三五）年一二月二〇日に春宮坊、聖徳尊霊及び今見天朝のために、法華経を講ず」とあることも、一二月二一日太子没の傍証となるだろう。太子の命日の前日の一二月二〇日に太子の法要が営まれているのである。また広隆寺では、一一月二二日に聖徳太子像の開帳が行われ、そのさきがけとして庭上で火を焚く行事が行われるが、これも本来は太子の供養であったろう。するとこれもまた太子一二月死を傍証すると思われる。

この庾《ユ》文素なる暗殺者については、偽名か故意の誤記ではないかと私は疑っている。「庾《ユ》」ではなく「庚《コウ》」であろう。庚文素が真実ではないのか。さらにまたこの庚文素自体も仮面の可能性がある。庚は高に通じる。文は史＝フヒトの表象とも解せる。高氏の史《フヒト》とは高向史玄理のことであろう。高向史玄理が唐の手先となって、太子を暗殺したのである。

なお文素《ブンソ》はひっくり返せばソブンである。それは蓋蘇文を想起させる。蓋は川の意味の韓国語であるから、川＝ヌナ川の高氏（上記）の表象であり、蘇文《ソブン》は金の意味の梵語《サンスクリット》スワルナの転訛であろう。すると蓋蘇文は高氏蓋金である。蓋蘇文は『三国史記』列伝によると、父の官位大対盧《ダイタイロ》（最高位）を継いで国政を専断し、六四二年に親唐派の栄留王と大臣百余人を殺して親族の宝蔵王を立て、自らは莫離支《マリキ》となったが、その後蓋金、高任武がマリキとして登場している。別人風に記されているが、上記のように蓋金は蘇文であり、また六六六年の「死」まで蘇文は高句麗を専断し続けたので、高任武も彼の異名と推定される。その任は、イ《ニンベン》が人、壬は陰陽五行説では陽の水＝大海[130]だから大海人を表象する。従って高任武[131]とは高氏天武の名ということになる。蘇文は文素の倒立形と先に述べたが、名の倒立は両者の父子関係の暗示とも考えられる。とすれば蓋蘇文＝蓋金＝高任武＝天武の父が、唐名庚文素を称する高向玄理だったわけである。とはいえ玄理が養[132]父にすぎないことは、『帝王編年記』の詩「遣唐使高向玄利、灯台鬼となる」が「汝、東城（倭国）の託人」のフレーズでそれとなく証言しているようであるが、この点は別の観点から後述する。

『書紀』の推古二九年が六二一年に当り（月干支より）、また三四年の月干支が六二六年に当るので、推古三一年は六二三年、つまり太子が暗殺された年の翌々年と推定されるが、この年の七月に、かつて六〇八年に遣隋使として玄理とともに海を渡った福因等が、一五年ぶりに帰国している。しかしなぜかその一行に玄理の名が見えない。それは当然で、すでに二年前の推古二九（六二一）年に彼は唐の暗殺者となって来倭し、手を太子の血で汚していたためである。「高句麗本紀」は六一九年二月唐へ朝貢とある時から、新羅が朝貢した時と同じ六二一年七月に再び唐へ朝貢とある時までの二年間空白であるが、この唐への送使者が玄理で、唐に到るとすぐに唐の使者庚文素に変身したと推測される。おそらく玄理は唐が高句麗と倭国に送り込んだ使者という名の暗殺者で、嬰陽王殺害後、太子を殺しに渡来した。

しかもその時玄理は、太子の娘と思われる妻斉明と斉明の母（茅渟《チヌ》[補注6]王孝徳をも生んだ）漢王妹[133]（娘）[134]大俣王《オオマタノオオキミ》を伴っていたと私は考えている。斉明が太子の娘であることは、その諡の天豊財重日足《アメノトヨタカライカシヒタラシ》ヒメの「天」、「豊」、「足」が証明していると思われる。「天《アメ》」は『隋書』に「阿毎《アメ》」とあるタリシヒコ＝太子の姓だから太子の子の表象である。また韓国語の金を表意する「豊」は用明の諡橘豊日と女帝としての推古の諡豊御食炊屋ヒメに共通するところから、金氏欽明の子孫の表象と推定される。そして「足」はタリシヒコの子の表象である。それはまさしく、欽明の孫であるタリシヒコ＝太子の娘であることを証言する諡なのである。当然、斉明の同母弟の孝徳の諡、天万豊日についても同様である。

太子は、西突厥可汗達頭として大陸にあり隋と一進一退の攻防戦を繰り返した末の五九九年四月に隋に大敗するが、その年の一〇月に雁門（山西省代県）で隋に大勝した後、中国史上から忽然と姿を消している。とはいえ、何くわぬ顔をして呆けたふりをしながら、さりげなく真実を伝えている資料もある。『隋書』本紀開皇一九（五九九）年一二月条がそれである。東突厥都藍可汗が配下に殺されて、「渤海に星が落ちた」というものであるが、都藍の死は、その他のすべての資料が五九九年四月の隋との戦いの前としているから、『隋書』は達頭を都藍と故意に歪曲しつつ、達頭の「死」、すなわち死んだことにしての東方への亡命を示唆させているのである。上記の五九九年四月における達頭の対隋戦での大敗は、共に戦うはずであった都藍が配下に殺されて、都藍東突厥軍を欠いたまま隋に当たらなければならなかったためである。強力な同盟者都藍を失った達頭は、ここで一度別所へ移動し、態勢をたて直そうと考えたのであろう。別所とは、かつて祖父が父と共に王朝を立て、またすでに自身が五八五年九月以来実質的な支配下に置いていた倭国であることは言うまでもない。

高句麗嬰陽王もまた、反隋時代の達頭との同盟者であり、しかもすでに、達頭主導の倭国のクーデターによって追放されて百済に戻り親隋の動きをみせた敏達こと百済威徳王を襲い死に到らしめていた（五九八年）から、おそらく達頭は雁門から東へ移動して五九九年一二月ころ高句麗に立ち寄り、嬰陽王の援護に感謝し、さらなる同盟の強化の盟約をしたと思われる。二人の王は腕を絡ませ角盃で両者の血を滴らせた酒を飲むスキタイ式[135]の盟約の儀[136]式を行い、そして達頭は同行していた妃の漢王妹大俣王を嬰陽王に与えたであろう。美女を贈ることは当時の盟約の常識である。

斉明は六六一年に没しているが、『紹運録[137]』、『水鏡[138]』には六八歳、『帝王編年記[139]』では六一歳とされているから、前者なら五九四年生れ、後者であれば六〇一年生れということになる。達頭を父、大俣王を母とする同母弟の孝徳の存在を考慮すると、斉明は五九四年生れで六六一年、六八歳没というのが真実と推定される。六〇一年生れというのは弟の孝徳のことであろう。達頭は当時貫例の習俗に乗っ取って、孝徳を懐妊中の妃大俣王を嬰陽王に与えたのである。西突厥の地で五九四年に生まれた達頭＝太子の娘斉明は、五九九年一二月頃母が嬰陽王妃となったために六歳時から高句麗に留まり、そこで養育されたのである。若い玄理と斉明が出会い結婚したのも必然的な流れであったといえるだろう。玄理が遣隋使として隋に渡った推古一六（六〇八）年ころ一五歳位とすると、斉明と同じころ生まれたことになるが、高句麗で斉明との婚姻が成立していたために、その縁で倭国の太子の許に来ていた可能性もある。玄理は太子にとって義理の息子だからである。

　また斉明の母漢王妹大俣王であるが、漢王とはサマルカンド国王の表象と私は解している。『新唐書』▼[140]西域康《コウ》（サマルカンド）は、隋時代、王屈支木が西突厥の娘を娶り帰属したと記しているから、この漢王はその屈支木であろう。そしてこの時同時に達頭も屈支木の妹（『古事記』）を娶ったわけである。それが大俣王である。

　新羅経由で斉明とその母が玄理とともに倭国に到着したのは、一〇月ころであろう。太子とかつての妃大俣王と娘斉明にとっては久々の再会であったから、大いに喜び慈しみ合ったことであろう。玄理はそれを狙っていたのかもしれない。達頭の愛する元妃と娘を、自分の義母と妻でありながら実質的には人質として連行してきたのは、太子に唐への帰属あるいは譲位を迫るにあたっての一種の脅迫のためであろう。反抗すれば二人がどうなるか分かりませんよ。暗黙の脅しである。そしてその二ケ月後太子は暗殺されてしまう。太子の死後、大俣王は男子を生んだ。その根拠は「天孫本紀」が、ニギハヤヒの息子ウマシマジを父の死後に生まれたとしている▼141ことである。ニギハヤヒが河内の哮（イカルガ）の峯に降臨したとしている点から、ニギハヤヒには太子が仮託されていると捉えれば、太子の死の翌年に生まれたウマシマジは、大俣王の子であろう。そしてそれは天武ではないのか。天武の諡の天渟中原瀛真人《アメノヌナカハラオキノマヒト》の天《アメ》は上記のように太子の子の表象であり、ヌナカハラは「ヌナ川が腹《ハラ》」、つまり高句麗高氏出自、オキは大海、マヒトは「まさにその人」であるから、「オキノマヒト」は「大海人」である。従ってこの諡は「太子の子の、高句麗王の妃が母の大海人」ということになる。

また天武の誕生年であるが、『紹運録』では推古三一年とされ、朱鳥元《アケミドリ》（六八六）年六五歳没とされているので、没年から計算すると太子没の翌年の六二二年生れとなり、従って推古三〇年生れということになるから、言うところの推古三一年と合致せず不合理であるが、この自己矛盾の原因は『書紀』にある。『書紀』は何故か、太子没の翌年の推古三〇年を欠落させ、三一年条は月干支を記さず該当年不明とした上で、推古三二、三三年を六二三、六二四（月干支より）年と誤記している。そして推古三四（六二六）年からは再び正常な月干支に戻しているのだから、「誤記」としてよい。『紹運録』は『書紀』に安易に追随し、墓穴を掘ったということだろう。おそらく『書紀』は、天武の生年が推古三〇（六二二）年であることを隠しつつ、暗示するために、あえて誤記したと私は解している。天武の生れを、太子の死の二年後の推古三一年とみせかけることによって、両者の父子関係を否定する一方で、誤記を看破すれば、太子と天武が父子であることを認識できると、『書紀』は教示しているのである。やはり天武は、太子の死んだ推古二九（六二一）年の翌年の推古三〇（六二二）年に生まれた、太子の最後の実子だったのである。

高向の姓が示す高句麗高氏の玄理は太子を殺した後、大俣王が生んだ太子の最後の子である大海人を、贖罪のために、養子として育てたのであろうか。いやむしろ非情な政治上の話とすれば、自分の子にすることによって、太子の息子であることを抹消しようとしたのかもしれない。大海人が倭国で生まれたとすれば、母の出自の貴種（高貴）性から、太子＝大王推古の後継者として最もふさわしい立場に立つことになるが、唐は太子の血脈を決して認めないだろうということも目に見えていた。そこで親唐派の玄理は、大海人が倭王となりうる正統性を剝奪するために、自分の息子としたのである。臣下として生きよ。——おそらくこれが、玄理の本心であっただろう。「ウマシマジ」とは、「生まれてはならぬ子」つまり「太子の子として生きることを、強い意志の力で否定された子、天武」の残酷な表象である。

天武の諡中の「高句麗高氏出自」というのは、養父高向玄理の子、すなわち高氏玄理によって無理矢理に養子とされ、王となる将来を奪われた子の表象でもある。そのため大海人は斉明の実弟でありながら、彼女が養母でもあったから、斉明の子の漢《アヤノ》皇子とされているのである。上記のように、その「漢」はサマルカンドの表象であり、漢皇子とは、漢王妹大俣王の子ということである。なお遣隋使（六〇八年）高向玄理の倭国への帰国が、舒明一二（六四〇）年とされているのは、天武の養父高向玄理が、唐の手先として天武の実父である倭王タリシヒコ＝聖徳太子を殺したという暗い事実を闇に封印するためであろう。

　太子の死後生まれた子であったために、天武は、実父への思慕の情を一途に募らせ、唐に屈せず殺された父のように、最後まで反唐の姿勢を貫き通したと私には思われるのである。

『伝暦』は太子を病死とし、葬送の五〇日後ころ、太子の墓に白い鵲《アオサギ》のような鳥が住みついたと記している。鵲や鵠の白い鳥は、大武神、ホムツワケの象徴であった。と同時に鳥は王朝簒奪の表象で、白は唐を示す色だから、結局『伝暦』は、唐によって太子が殺されたことを暗示しつつ、敗者という無残な事実を抹消するために、あえて病死としたと私は考えている。遠祖大武神、始祖ホムツワケの後裔である太子が、祖の生地倭国に戻り、唐との戦いの中で誇り高い死を迎えたということを、『伝暦』は白い鳥のメタファーに込めたのであろう。

あとがき

動乱が人を奔らせ、また定着させる。そのことは今も昔も変わらない。とりわけ古代においては、動乱の敗者に許されるのは死か奴隷の道である。例えばシュメールは、そうして得た奴隷をインドとの交易品として利用したといわれている。また死を免れようとあがく王族の姿を、ニムルドのアシュナシルバルの宮殿のレリーフにみることができる。そこには、アッシリア兵士に背後から矢を射かけられながら、何とか逃げようと山羊の革の浮き輪で川を泳ぎ渡る、身なりで王族とわかる人々の必死な様が刻まれている。

シュメール最後のウル第三王朝が前二〇〇〇年前後にアムール人等に滅ぼされた時、あるいは後四五年の大月氏国の内乱時に休密らがクシャナに敗北した時、王族のみならず兵士、鍛冶や炊事に携わる者までの大集団が、故地からユーラシア大陸の各地へ亡命移動していった。彼らの東方への移動に注目し考察することによって、姫氏＝高氏＝犬戎＝ウル第三王朝系シュメール人、褒氏＝サルマタイ人、安氏・慕容氏＝休氏（金氏）＝マサゲタイ族の倭国への移動、定着と王朝の樹立、さらに権力をめぐる攻防の事実が明らかとなった。

欠史八代はまさにその攻防の中核をなす重要な時代であったが、敗者の側にとっては、語るに語りえない屈辱の時代以外の何物でもなかった。欠史八代が事績の記されない、いわゆるブラックボックス時代とされているのは、その歴史を記す側が敗者に身を重ねる者であったためである。

その他、古代史上に残されたアポリアに挑みその真相を突きとめたい一心で、次々とわきあがる疑問と対決し続けた結果、私自身も予想さえしなかった数々の真実を明るみに引き出すこととなった。ああ、そうであったのかと幾度呟き、また叫んだかしれない。謎と悪戦苦闘している間中、まるで世界は暗黒だが、謎が解けた時には闇は一瞬にして光の中に霧散する。私の知りえたことは、一般的歴史認識をはるかに超えるものとなっているが、そのことが私にはなんとも不思議でならない。

二〇一五年の二月末のある寒い日に、私はかっての越、現在の新潟の心温かい知識人の方々に、一年後に、その郷土の誇りとして愛されている渟名川姫《ヌナカワヒメ》の、栄光と挫折についての書を出版すると約束した。しかし執筆に入るよりも先に、古代史の謎について降る星のように新しいインスピレーションが次々と湧き起こり続けて、その面白さに夢中になっているうちに、いつの間にか二年の時が過ぎようとしていた。とはいえ約束したということを忘れていたわけではなかった。

この書においては、推論の領域があまりに広がりすぎて、もはや書名を『渟名川姫』とすることはできなくなってしまったが、紀元前から三一八年の滅亡まで、越、丹波が古代の倭の大国であったことについては随所で証明し、また触れることとなったという意味で、底流にあるのは姫川の川底に眠る翡翠《ヒスイ》のような姫であることに間違いはない。はたして誓願は果たされたと越の方々は言ってくださるだろうか。越に思いを馳せながら、今は筆を置こうと思う。

解明した古代史の謎（真理）の数々を、一人密かに楽しんでいるだけであれば、君の死とともにそれらの真理も消え失せてしまうが、それは本当にもったいなく残念なことだという言葉で、出版にむけて私の背中をそっと押してくださった方、また資料調査に協力いただいた方、そして仙道弘生氏などに、心から御礼を申し上げます。

二〇一九年一月一二日、梅原猛《ウメハラタケシ》氏が逝かれました。ご冥福をお祈りします。

注と参考文献

1 『日本書紀』(上) 坂本太郎 家永三郎 井上光貞 大野晋校注 日本古典文学大系 岩波書店 一九九三年 同文庫㈠ 一九九九年
2 『古事記』 丸山二郎校注 国史大系 吉川弘文館 二〇〇二年 『古事記』 倉野憲司校注 岩波文庫 二〇〇九年
3 『天武と持統』 李寧煕 文藝春秋 一九九〇年
4 「邪馬台ロマン 桃の謎」 朝日新聞(大阪) 二〇一〇年九月一八日付朝刊
5 『隋書』東夷 開皇二〇(六〇〇)年条 魏徴 六三六年完成
6 『伊勢神宮と出雲大社』 新谷尚紀 講談社メチエ 二〇〇九年
7 『三国志』「魏書」烏丸鮮卑倭人 陳寿 二八三年頃完成
8 『中国少数民族の信仰と習俗』 覃光広等編集 第一書房 一九九三年
9 『西陽雑俎』巻一一 段成式(?—八六三) 唐代
10 『興亡古代史』 小林惠子 文藝春秋 二〇〇一年
11 『晋書』 房玄齢編 六四八年成立
12 『出雲の神々』 谷川健一 平凡社カラー新書 一九七八年
13 『玉とヒスイ』 藤田富士夫 同朋社出版 一九九二年
14 『古代翡翠文化の謎』 森浩一編 新人物往来社 一九八八年
15 『日本の翡翠』 寺村光晴 吉川弘文館 平成七年
16 『葬られた王朝』 梅原猛 新潮社 二〇一〇年

17 『三国史記』 金富軾撰　一一四五年成立
18 「丸都紀功の碑」 中国吉林省白山市八江道区板石鎮　二四五年
19 『日本書紀』岩波文庫㈠の注による。
20 『世界の歴史5』 岩村忍編集　中央公論社　昭和五十年
21 「日鮮神話伝説の研究」／『三品彰英論文集四巻』 三品彰英　平凡社　昭和四七年
22 『雲南　インドと揚子江流域の環』 H・R・デーヴィス　田畑久夫　金丸良子編訳　古今書院　一九八九年
23 『中国少数民族の信仰と習俗』前掲書
24 「苗族の鼓社祭と神話」 伊藤清司／『日中文化研究3』 大林太良　福永光司等編集　勉誠社　一九九二年
25 『記紀萬葉の朝鮮語』 金思燁　ロッコウブックス　六興出版　平成二年
26 『パルティアの歴史』 ニールソン・C・デベボイス　小玉新次郎　伊吹寛子訳　山川出版　一九九三年
27 『アーリア人』 青木健　講談社選書メチエ　二〇〇九年
28 『興亡古代史』前掲書
29 「エフタル民族の人種論について」／『榎一雄著作集第一巻』 汲古書院　一九九二年
30 青木健前掲書
31 『通典』 杜佑　唐　八〇一年成立
32 『魏書』 魏収（五〇六―五七二） 北斉
33 「我が国の銅鐸は何民族の残した物か」 鳥居竜蔵／『人類学雑誌』三八巻四号　大正一二年―『論

集・日本文化の起源一―考古学』小林行雄編　平凡社　昭和四六年に所収
34 『伊勢神宮』井上章一　講談社　二〇一〇年
35 『天武と持統』前掲書
36 『高松塚被葬者考』小林惠子　現代思潮社　一九八八年
37 「記紀の鍛冶王伝承」畑井弘／『東アジアの古代文化』七四号　大和書房　一九九三年に所収
38 『北史』李延寿　唐　七世紀成立
39 『三国志』「魏書」東夷建安中（一九六―二二〇）の条
40 『上代日本対外関係の研究』栗原朋信　吉川弘文館　昭和五三年
41 『史記』燕召公世家　司馬遷　前漢　前九七年成立
42 『魏略』（逸書　輯本三五巻あり。）―「魏志」所引
43 『古代朝鮮と倭族―神話解読と現地調査』鳥越憲三郎　中公新書　一九九二年
44 『後漢書』范曄　宋
45 『弥生の王国―北九州古代国家と奴国の王都』鳥越憲三郎　中公新書　一九九四年
46 『三国遺事』一然撰　一三世紀
47 『ジプシー』ジュール・ブロック　白水社クセジュ文庫　一九七三年
48 『遊民の系譜』杉山二郎　青土社　一九九二年
49 『日鮮神話伝説の研究』前掲書
50 『詩』大雅・生民
51 「姜嫄履大人跡考」／『中国神話』聞一多　平凡社東洋文庫　一九八九年
52 『論衡』吉験篇　王充　後漢　一世紀

53 聞一多　前掲書
54 『白鳥伝説』谷川健一　集英社　一九八六年
55 『海でむすばれた人々』門田誠一　同朋社出版　一九九三年
56 『周書』異域下突厥　令狐徳棻等撰　六三五年
57 『資治通鑑』唐紀一四　司馬光　一〇八四年
58 『世界大百科事典』平凡社　一九六六年
59 『伊勢神宮と出雲大社』前掲書
60 『晋書』四夷　房玄齢　唐
61 『興亡古代史』前掲書
62 『古代倭王の正体』小林惠子　祥伝社新書　二〇一六年
63 『書紀集解』巻四　河村秀根　江戸時代
64 「苗族の鼓社祭と神話」／『日中文化研究3』前掲書
65 『山海経』大荒西経が引用する『帰蔵』啓筮篇（『山海経』―郭璞？　四三二年以後成立と考えられる。根拠は、四三二年成立の『後漢書』の記事についての記述がみえることである。ただし『漢書』芸文志、後漢に成立の『論衡』にその名がみえるのは何とも不可思議である。）
66 『国語』周語　作者不明とも、魯の太史、左丘明の作ともいわれる。春秋時代の大国の国別の歴史書
67 「伏義考」／『中国神話』聞一多前掲書
68 『説文（解字）』十篇上　許慎　後漢
69 『魏書』西域　前掲書
70 『歴史』スキタイ人条　ヘロドトス

71 『アーリア人』前掲書
72 『史記』封禅書　司馬遷
73 『山海経』大荒東経に引用の『河図玉版』
74 『列子』湯問篇
75 『山海経』海内北経の注
76 『世界の歴史１』貝塚茂樹編集　中央公論社　昭和五〇年
77 『世界大百科事典』平凡社前掲書
78 『天武と持統』前掲書
79 『世界大百科事典』平凡社前掲書
80 同右
81 『歴史』ヘロドトス前掲書
82 『Die Bibel-Die Heilige schrift, Des Alten und Neuen Bundes』Herder-Bücherei, 1965.
83 『聖書（旧約聖書）』日本聖書協会　一九七五年
84 『倭の正体』姜吉云　三五館　二〇一〇年
85 『人類の歴史二〇〇万年』日本リーダーズダイジェスト社　一九八〇年
86 『古代史新聞』古代史新聞編纂委員会　日本文芸社　平成九年
87 『一万年前』安田喜憲　イースト・プレス　二〇一四年
88 すごろく様の遊戯盤上の絵や、ウル王墓出土の牡羊と花樹像
89 『世界の歴史１』前掲書、『史記』本紀　前掲書
90 『アーリア人』前掲書

91 『詩経』大雅・緜
92 『准南子』 漢の准南王劉安が学者を集め編纂したといわれる。
93 『葬られた王朝』 前掲書
94 『世界の歴史5』 前掲書
95 『アーリア人』前掲書
96 『大月氏―中央アジアに謎の民族を訪ねて』 小谷仲男　東方書店　一九九九年
97 『アーリア人』 前掲書
98 『魏書』昭成子孫列伝　魏収　北斉　六世紀
99 『八幡宇佐宮御託宣集』薩巻裏書　神吽　一三一三年
100 「記紀万葉の朝鮮語」 前掲書
101 「西突厥の西方発展と東ローマへの道」／『東西文化交流史』所収　内藤みどり　雄山閣　昭和五〇年
102 『日本書紀』敏達五年三月条
103 『四天王寺の鷹』 谷川健一　河出書房新社　二〇〇六年
104 『新楽寺鏡銘と大和猿楽』 藪田嘉一郎／『四天王寺の鷹』 谷川健一所引
105 『聖徳太子伝記』 醍醐寺三宝院本　文保二（一三一八）年／藪田嘉一郎前掲書所引
106 『天平のペルシア人』 杉山二郎　青土社　一九九四年
107 『聖徳太子平氏伝（『伝暦』）雑勘文』 橘寺僧法空　鎌倉時代
108 『世界史図録ヒストリカ』 谷澤伸　甚目孝三　柴田博　高橋和久　山川出版　二〇一〇年
109 『大唐西域記』屈支国条　道安　唐　七世紀

110 『水経注』 酈道元　北魏　五世紀末
111 内藤みどり前掲書
112 『上宮聖徳太子伝補闕記』平安時代初期
113 『隋書』 鉄勒伝　魏徴　六三六年
114 『旧唐書』契苾何力伝　劉昫　後晋
115 『青銅の神の足跡』谷川健一　集英社文庫　一九八九年
116 『アーリア人』 前掲書
117 『西陽雑俎』 前掲書
118 『怕ろしき物の歌』 李寧熙　文藝春秋　一九九三年
119 『隠された十字架』 梅原猛　朝日新聞社　平成四年
120 『資治通鑑』 前掲書
121 『隋書』 北狄　前掲書
122 『荒陵寺（四天王寺）御手印縁起』 平安時代後期　初期説もある。
123 『大人の探検古墳』 大塚初重　実業之日本社　二〇一四年
124 「斑鳩藤ノ木古墳　第二、三次調査報告書」 斑鳩町・斑鳩町教育委員会　平成七年七月
125 『聖徳太子伝暦』 藤原兼輔　九一七（延喜一七）年　平安時代中期とされている。
126 『聖徳太子の正体』 小林惠子　現代思潮社　二〇一二年
127 『古代の日本とペルシア』 井本英一　学生社　昭和五五年、『オリエント学論集』 同上　小学館　昭和六〇年
128 『上宮聖徳法王帝説』 法隆寺の僧　法隆寺に私蔵、江戸時代に塙保己一が『群書類従』に収めた。

129　「天寿国繍帳銘の成立年代について―儀鳳暦による計算結果から」／『国語と国文学七八―一一』　金沢英之　二〇〇一年
130　『天武と持統』　前掲書
131　『史上から消された聖徳太子・山背王朝』　小林惠子　現代思潮社　二〇一二年
132　「遣唐使高向玄利為灯台鬼」／『帝王編年記』詩云の詩
133　『古事記』　前掲書
134　『本朝皇胤紹運録』　洞院満季編　一四二六年
135　『歴史』　ヘロドトス　前掲書
136　『海でむすばれた人々』　前掲書
137　『本朝皇胤紹運録』　前掲書
138　『水鏡』　中山忠親作とされている。一二世紀末
139　『帝王編年記』　僧永祐　南北朝時代
140　『新唐書』　欧陽修　一〇六〇年　宋
141　『先代旧事本紀』天孫本紀　伝聖徳太子編　延喜年間（九〇一―九二二）編集といわれている。序文では太子と蘇我馬子が編纂とあるが　本文には二人の死後の事象が記されている。

その他
〇『大漢語林』　鎌田正　米山寅太郎　大修館書店　平成四年
〇『大字源』　尾崎雄二郎　都留春雄　西岡弘　山田勝美　山田俊雄　角川書店　一九九三年
〇『三正綜覧』　内務省地理局編纂　地人書館　昭和四十年
〇『日本暦日原典』　内田正男編著　雄山閣　昭和五一年

○『デラックス世界地図帳』　谷治正孝　川嶋理夫　田代博　萩原康之　堀英雄編集　執筆　昭文社　二〇〇六年
○『世阿弥　禅竹』　表章　加藤周一校注　日本思想大系二四　岩波書店　一九七六年
○『歴史』上中下　ヘロドトス　松平千秋訳　岩波文庫　昭和四七年
○『物語　世界史への旅』　大江一道　山崎利男　山川出版　一九八一年
○『黄金のアフガニスタン』　九州国立博物館　東京国立博物館　産経新聞社編集　産経新聞社　二〇一六年
○『日本書紀の謎と聖徳太子』　大山誠一編　平凡社　二〇一一年
○『聖徳太子の真実』　大山誠一編　平凡社ライブラリー　二〇一四年
×　×
群書類従　群書類従完成会
三国史記　朝鮮史学会、古典刊行会等
三国遺事　同
三国史記　井上秀雄訳注　東洋文庫　平凡社、二〇一〇年
各種中国資料　中華書局等
隋書倭国伝、魏志倭人伝　石原道博編訳　岩波文庫　一九八五年
旧唐書　新唐書　同
水鏡　国史大系21上　吉川弘文館　二〇〇三年
新撰姓氏録　佐伯有清『新撰姓氏録の研究　本文篇』　吉川弘文館　一九六二年
上宮聖徳法王帝説　日本思想大系2「聖徳太子集」　家永三郎　岩波書店　一九七五年

聖徳太子伝暦　聖徳太子伝叢書（旧大日本仏教全書）　仏教刊行会編　大法輪閣　二〇〇七年
上宮聖徳太子伝補闕記　同
先代旧事本紀　国史大系7　吉川弘文館　一九六六年
八幡宇佐宮御託宣集　重松明久校注訓訳　現代思潮社　一九八六年
法隆寺東院縁起　大日本仏教全書　仏書刊行会　明治四五年—大正一一年
その他

補注

1　侵略者の証明　先に天下ったニギハヤヒのいる東の国は良い国だから、そこに都を造ろうと神武が言ったとあるが、天下ったとは侵略して王となったことに他ならず、また先住の王がいるにもかかわらずそこに都を造るとは、王朝を簒奪すること以外の何ものでもない。従って「行って奪おうと言った」としてよい。

2　瓠公　瓠＝コ＝Ko（犬と金の意味のミャオ語）＝高であるから、瓠公は「高公」＝「高氏」の異表記と解せる。

3　劉曜の素姓と高句麗　後述のように劉曜は趙を建国していることから趙襄子の後裔と推測されるが、「高句麗本紀」始祖前紀・一（前三七）年条には、始祖朱蒙が先住の沸流《ビリュ》国王松譲を倒して高句麗を建国したとみえる。松譲は翌年に朱蒙に帰属し、多勿《タモルト》国と改名された旧領地の主に冊封されている。松譲の譲は趙の襄＝譲氏の後裔の表象であろう。とすると高句麗の先住勢力は、前二二八年に秦によって滅ぼされた趙の襄氏の子孫と考えられるので、劉曜は朱蒙よりはるか以前から高句麗の地に亡命定着していた趙の後裔である沸流国王松譲＝多勿国の主一族の末裔の西川王の子（後述）であったと推測される。おそらく母の実家の宇文氏（後述）の許で生まれ育ったのであろう。

4　景行　『書紀』の月干支から、景行没年は三四七年、仲哀の即位が二月の誤記とすると三四七年、成務の即位も七月の誤記とみると三六三年と割り出せるので、景行が該当する。

5　大悪天皇　雄略二年一〇月条にみえるため、雄略のことと錯覚しがちであるが、一〇月の月干支は四五八年を明示している。従ってこの大悪天皇は安康である。

6　茅《チ》渟《ヌ》王　『記』は智奴王とするが、チヌには二義が重ねられていると考えられる。一つはタミール語の「チニヤン」＝「勇敢な人」、もう一つは和泉国（今の大阪府泉佐野市）一帯の地である。前者ならチヌ王は「勇敢な王」となるから皇極、山背大兄、斉明の父の聖徳太子を表象し、後者なら茅渟娘《チヌノイラツメ》という名の娘の父である蘇我倉山田石川麻呂の婿となった孝徳の表象となる。なお「皇極紀」即位前紀の皇極の曾祖父と祖父、「敏達記」の智奴王の父の名は改ざんである。

橋本 ルシア

岡山県生まれ。東京大学文学部哲学科卒。心の命じるままにいくつもの人生を存分に生きてきた。古代史研究、舞踊音楽理論研究、フラメンコ舞踊家でもある。大学などでの講演も行っている。趣味—天文学、動物との会話、詩と絵本と童話。著述に『フラメンコ、この愛しき心—フラメンコの精髄』水曜社 2004年。同新装改訂版 水曜社アルス選書 2019年。「バイレとは何か」(『フラメンコ読本』晶文社 2005年所収)。

火焔《かえん》の王《おう》
——欠史《けつし》八代《はちだい》の謎《なぞ》を読《よ》み解《と》く

発行日　二〇一九年五月二十四日　初版第一刷

著者　橋本 ルシア

発行者　仙道 弘生

発行所　株式会社 水曜社
〒160—0022 東京都新宿区新宿一—一四—一二
電話　〇三—三三五一—八七六八
ファックス　〇三—五三六二—七二七九
URL：suiyosha.hondana.jp/

装幀　西口 雄太郎（青丹社）

印刷　日本ハイコム 株式会社

ISBN 978-4-88065-462-1 C0021